Fridolin Wechsler

Menschen von Gottes Farbe

rex verlag luzern
Verlag Katholisches Bibelwerk

Bibliografische Information der Deutschen Bibliothek.
Detaillierte bibliografische Angaben sind im Internet über
http://dnb.ddb.de abrufbar.

Text: Fridolin Wechsler, Luzern
Umschlag: Finken & Bumiller, Stuttgart
Gestaltung Inhalt: Brunner AG, Druck und Medien, Kriens

Gedruckt in der Tschechischen Republik

ISBN 978-3-7252-0973-6 www.rex-verlag.ch
ISBN 978-3-460-20973-2 www.bibelwerk.de

Inhalt

Vorwort

Es ist nicht gleichgültig, worauf wir unseren Blick richten, wofür wir unsere Zeit verwenden, woran wir unser Herz hängen. Früher oder später wird es auf uns abfärben, wird es unseren Charakter bestimmen, unser Gesicht prägen. So sagte der mittelalterliche Mystiker Johannes Tauler einmal von jenen Menschen, deren Leben auf Gott ausgerichtet war, sie seien «ganz gottfarben, göttlich, gottförmig» geworden, und wer sie sähe, würde sie «in dem Kleid, der Farbe, der Weise Gottes» erblicken.

Dieses Buch erzählt von solchen «gottfarbenen» Menschen. Sie lebten zu unterschiedlichen Zeiten in verschiedenen Ländern und spiegeln so etwas von der Vielfarbigkeit der christlichen Spiritualitätsgeschichte wider. Was sie verbindet, ist der Umstand, dass sie dem Autor im Lauf seines Lebens wichtig geworden sind. Sie haben ihn mit ihren Gedanken, Gebeten und Liedern über Jahrzehnte begleitet und sind für ihn zu einer nie versiegenden Quelle der Kraft und Ermutigung geworden. Die einzelnen Kapitel gehen auf Vorträge zurück, die der Verfasser im Rahmen der theologischen Erwachsenenbildung gehalten hat. Dabei war es ihm ein Anliegen, die porträtierten Personen möglichst selber zu Wort kommen zu lassen. Es sollte etwas von der ureigenen Farbe ihres Lebens, Denkens und Sprechens sichtbar werden.

Im «Entwurf für eine Arbeit», in der Dietrich Bonhoeffer wenige Monate vor seinem Tod kurz darzulegen gedachte, was christlicher Glaube sei, mahnte er die Kirche, die Bedeutung des menschlichen Vorbildes nicht zu unterschätzen: «Nicht durch Begriffe, sondern durch Vorbild bekommt ihr Wort Nachdruck und Kraft.» Und Simone Weil bekannte in einem Brief an ihren geistlichen Begleiter P. Joseph-Marie Perrier, nichts sei «so mächtig, unseren Blick mit immer größerer Stärke unverwandt auf Gott gerichtet zu halten, als die Freundschaft für die Freunde Gottes.»

Die hier vorgelegten Porträts wurden erstmals in der «Schweizerischen Kirchenzeitung» veröffentlicht. Sie haben bei der Leserschaft ein breites und zustimmendes Echo gefunden. Vielfach wurde der Wunsch geäußert, sie möchten als Buch erscheinen. Dass dies nun möglich geworden ist, verdankt der Autor in erster Linie dem Leiter des Rex Verlages

Luzern, Herrn Markus Kappeler. Er hat sich von Anfang an mit Wohlwollen des Projekts angenommen und die Zusammenarbeit mit dem Verlag des Katholischen Bibelwerks Stuttgart in die Wege geleitet. Für dessen Bereitschaft, das Buch auch in sein Verlagsprogramm aufzunehmen, sei ihm aufrichtig gedankt. Mögen die in diesem Band vereinigten Porträts «gottfarbener» Menschen in einer Zeit der oft beklagten «Gotteskrise» und Verdunstung des Glaubens nicht ohne Wirkung bleiben.

Luzern, im Februar 2015
Fridolin Wechsler

Um 1300–1361
Johannes Tauler

Ein «gottfarbener» Mensch werden

Johannes Tauler gehört zusammen mit Meister Eckhart (um 1260–1327/28) und Heinrich Seuse (um 1295–1366) zum berühmten Dreigestirn der so genannten «Oberrheinischen Mystik». Von ihm ist ein einziges, von der Forschung als echt anerkanntes Schriftstück auf uns gekommen. Es ist ein kurzer Brief an die ihm befreundete Ordensfrau und Mystikerin Margaretha Ebner und deren Priorin Elisabeth Scheppach vom Kloster Medingen bei Dillingen. Diesen Brief legte er einer Sendung Käse bei, der als Speise für die Vorfastenzeit beliebt war. Darin schreibt er unter anderem:

«Gott möge Euch danken … für all die Treue, die Ihr mir entgegenbringt. Ich übersende Euch, in Christus innigst geliebte Frau E(lisabeth), zwei Käse, und Margaretha und ihren Mitschwestern zwei Käslein, damit sie sie vor dieser Fasnacht aufzehren. Glaubt mir, ich schicke sie Euch mit Freuden. Darum so bitte ich Euch denn, Ihr mögt sie mit Vergnügen von mir, Eurem armen Freund und Diener in Christus, annehmen.»[1]

Ein «Lebemeister»

Diese Sätze sind bezeichnend für Tauler. Im Vergleich zur spekulativen Mystik Meister Eckharts und zur bisweilen etwas sentimentalen Seuses «hat Tauler etwas Warmherziges und realistisch Handfestes an sich»[2]. Von seinem Leben wissen wir wenig historisch Gesichertes. Er wurde um 1300 in Straßburg als Sohn einer wohlhabenden Familie geboren und starb daselbst am 16. Juni 1361. Im Alter von ungefähr fünfzehn Jahren trat er ins Straßburger Dominikanerkloster ein. Hier erhielt er eine solide theologische Ausbildung, betrieb jedoch keine höheren Studien. Er erlangte nie den Status eines «Lesemeisters», also eines Magisters und Professors wie Meister Eckhart.

Tauler verstand sich selber als «Lebemeister», das heißt als Prediger und Seelsorger. Ihn beschäftigten vor allem Fragen der christlichen Lebenspraxis und des geistlichen Lebens. Er war der Erste, der über die Bedeutung der einzelnen Lebensphasen für die spirituelle Reifung des Menschen nachgedacht hatte. Christwerden war für ihn ein lebenslanger Geburtsprozess mit allen Krisen und Schmerzen, aber auch Chancen und Freuden, die dazugehören. Während Meister Eckhart seiner Meinung nach «aus dem Blickwinkel der Ewigkeit» sprach und auf diesem Hintergrund die Menschen «ohne Anweisung und ohne (vorgezeichnete) Wege» ihrem Ziel entgegenführen wollte, war Tauler selber davon überzeugt, es sei «hundertmal besser, dass sie mit Anweisungen und auf gebahnten Wegen dorthin gelangen»[3].

Wie die Tradition vor ihm kennt auch Tauler das bekannte Dreierschema des anfangenden, fortschreitenden und vollkommenen Menschen, welchem die Dreiteilung in einen Weg der Reinigung, Erleuchtung und Vereinigung entspricht. Dabei ist festzuhalten, «dass dieser Weg keine einmalig zu durchlaufende chronologische Abfolge darstellt, an dessen Ende das Ziel der Verbundenheit und Einheit mit Gott ein für allemal erreichbar stünde, vielmehr haben sich die einzelnen Stadien stets neu zu verwirklichen»[4].

Neben diesem Drei-Wege-Schema bevorzugt Tauler aber eine andere Dreiteilung, nämlich die mystische Phasengliederung in «iubilatio – getrenge – ubervart», «Frohlocken – Bedrängnis – Überfahrt». Diese Gliederung «widerspiegelt in verdichteter Form eine Erlebnisfolge, in der im Grunde jede innere Wandlung verläuft: immer wird eine erreichte Reifestufe zunächst beglücken, dann in Gewohnheit und Alltäglichkeit erstarren und damit dem weiterdrängenden Leben fragwürdig werden, bis die nunmehr altgewordene Haut in einer krisenhaften Anstrengung gesprengt und die ‹Überfahrt› in eine neue, höhere, ja erlebnismäßig zunächst unüberbietbar höchste Seinsweise möglich wird.»[5]

Tauler hat seine Gedanken nirgendwo systematisch entfaltet, sondern sie finden sich verstreut in den vierundachtzig der von ihm überlieferten und allgemein als authentisch anerkannten Predigten. Diese hielt er vorwiegend vor Schwesterngemeinschaften, aber auch vor spirituell aufgeschlossenen Laien. In ihnen erweist er sich als ein überragender «Lebemeister», der aus ureigener persönlicher und seelsorglicher Erfahrung spricht. Seine Predigten enthalten eine solche Fülle psychologischer Einsichten, dass man ihn zu Recht als «einen Psychagogen von unbeirrbarem Urteil und scharfer Beobachtungsgabe»[6] bezeichnet hat. Die Eindringlichkeit und Bildkraft seiner Sprache hat schon die Zeitgenossen tief beeindruckt und zur großen Verbreitung seiner Predigten auch über seinen Tod hinaus beigetragen. Noch Martin Luther hat ihn sehr geschätzt und von ihm in einem Brief bekannt: «Ich habe weder in lateinischer noch in unserer Sprache eine Theologie gesehen, die heilsamer und mit dem Evangelium mehr übereinstimmend wäre.»[7]

Anfängliches Frohlocken

Am Anfang des spirituellen Weges steht für Tauler meistens ein erstes Angerührtwerden durch Gott, gewissermaßen eine «erste Liebe». Gott lockt den Menschen auf den Weg des Glaubens, indem er sich ihm gleichsam zu schmecken gibt durch Erweise seiner Liebe und durch die Schönheit der Schöpfung. Die dabei erfahrene Freude überwältigt den Menschen und lässt ihn frohlocken. Tauler bezeichnet diesen Zustand deshalb als «iubilatio» (303 f.). Dieses Frohlocken ist allerdings noch einem Kindheitsstadium des spirituellen Lebens zuzuordnen. Es trägt die Gefahr in sich, dass der Mensch bei der erfahrenen Freude stehen bleibt, dass er nicht mehr Gott sucht, sondern seine Beglückung durch Gott, das heißt aber letztlich sich selber. Er bleibt zurück hinter dem Anruf der Stunde, verschließt sich jeder Wandlung, «klebt an dem angenehmen Gefühl wie der Bär am süßen Honig» (572) und richtet sich ein in seiner religiösen Routine. So kommt es zu einer wachsenden Erstarrung und Verfestigung des Seelengrundes. Was eine offene Brunnenstube für Gott sein sollte, wird zur verschlossenen Zisterne, wie Tauler einmal im Anschluss an die Gottesklage bei Jeremia 2,13 ausführt: «Sie haben mich verlassen, das lebendige Wasser, und sie haben sich selber eine Zisterne gegraben, eine Zisterne, die kein Wasser enthält.» (125 ff.)

Der Mensch überzieht sein Inneres gleichsam mit einer dicken Haut: «Woher, glaubt ihr wohl, kommt das, dass der Mensch auf keine Weise in seinen Grund gelangen könne? Das kommt daher, dass so manche dicke, schreckliche Haut darüber gezogen ist, ganz so dick wie eine Ochsenstirn: die haben ihm seine Innerlichkeit verdeckt, dass weder Gott noch er selber da hineingelangen kann; der Eingang ist verwachsen. Wisset, manche Menschen können dreißig oder vierzig (solcher) Häute haben, dick, grob, schwarz, wie Bärenhäute.» (388)

Bedrängnis

Diese spirituelle Dickhäutigkeit führt dazu, dass die ursprüngliche Freude an Gott immer mehr einem Gefühl des Ungenügens, ja der inneren Leere und Dürre weicht. Die «iubilatio» wird abgelöst durch das «getrenge», die Bedrängnis. Der Mensch gerät in eine radikale Krise. Tauler beobachtete diese bei vielen im Alter zwischen vierzig und fünfzig Jahren (136f.), also zur Zeit der Lebensmitte, ohne sie jedoch darauf festlegen zu wollen. Diese Krise bedeutet das endgültige Ende des spirituellen Kindes- und Jugendalters und leitet über zum spirituellen Erwachsenwerden:

«Wenn Gott den Menschen so sehr aus allen (irdischen) Dingen herausgezogen hat und er kein Kind mehr ist und wenn Gott ihn mit der Labung seiner Lieblichkeit gestärkt hat, dann, wahrlich, gibt man ihm gutes, hartes Roggenbrot, denn er ist erwachsen geworden und zu Tagen gekommen. Dem erwachsenen Menschen ist harte, kräftige Speise nützlich und gut; er braucht keine Milch und kein (weiches) Brot mehr; nun zeigt sich ihm ein gar wilder Weg, ganz finster und einsam; und diesen wird er geführt. Und auf diesem Weg nimmt ihm Gott alles (wieder) ab, was er ihm je gegeben hat. Und da wird der Mensch sich so sehr selbst überlassen, dass er von Gott gar nichts mehr weiß; und er gerät in solche Drangsal, dass er nicht weiß, ob er je auf dem rechten Weg gewesen ist, ob es einen Gott für ihn gebe oder nicht … Er hat weder irgendein Empfinden noch ein Wissen mehr von Gott, und alles andere ist ihm zuwider, und ihm ist, als hänge er zwischen zwei Wänden und ein Schwert bedrohe ihn von rückwärts und ein scharfer Speer von vorne.» (304f.)

Was Tauler hier mit bewegenden Worten beschreibt, könnte man als eine göttliche Entwöhnungs- oder Entziehungskur bezeichnen. Nicht mehr Muttermilch ist angesagt, sondern «hartes Roggenbrot», «Schwarzbrot-Spiritualität»[8], wie sie einst schon Paulus der Gemeinde von Korinth in Aussicht gestellt hat, um aber sogleich festzustellen, dass sie diese noch nicht vertragen könne (1 Kor 3,2). Gott entzieht dem Menschen in dieser Phase alles, was er ihm je gegeben hat. Das frühere – vielleicht allzu gute – Bescheidwissen ist einem totalen Nichtwissen gewichen. Alte Gottesbilder sind zerbrochen, neue noch nicht in Sicht. Der Mensch sitzt in der Klemme.

Anderswo vergleicht Tauler diesen Vorgang mit dem völligen Umkehren und Durcheinanderbringen eines Hauses. Wie die Frau im Gleichnis von der verlorenen Drachme ihr ganzes Haus umkehrt, um das verlorene Geldstück wieder zu finden (Lk 15,8), so kehrt auch Gott das Haus des Menschen um, um die verlorene Drachme seines Seelengrundes zu suchen:

«Darin (nun) besteht ... die Art, in der Gott den Menschen sucht: alles wird so völlig umgekehrt, als ob er es nie besessen hätte; ... wenn der Mensch das aushielte und er sich dem anheim gäbe, so wäre ihm das nützlicher als all das, was er je verstanden hat oder ihm je gegeben wurde. In solcher Umkehrung wird der Mensch, könnte er sich ihr überlassen, so unaussprechlich weit geführt, weiter als in all den Werken, Weisen und Vorhaben, die je und je erdacht oder gefunden wurden.» (274 f.)

Fluchtversuche

Gelegentlich braucht Tauler für dieses dramatische Suchen Gottes nach dem Menschen ein noch stärkeres Bild. Er vergleicht es mit einer Treibjagd. Gott jagt den Menschen wie ein Wild, nicht um ihn zu erlegen, sondern um ihn zu gewinnen (62–65, 76 ff.). Statt sich aber nun von Gott jagen und finden zu lassen, ergreifen die Menschen die Flucht. Die Art und Weise, wie Tauler diese Flucht und ihre verschiedenen Formen beschreibt, erweist ihn wiederum als sensiblen Menschenkenner und Seelsorger:

«Werden sie (die Menschen) von innen berührt, so brechen sie sofort auf (und ziehen) in ein anderes Land oder einen anderen Ort. So kommen sie zu nichts; stets beginnen sie eine neue Lebensweise, und viele rennen so in ihr eigenes Verderben. Bald wollen sie ein Leben der Armut führen, bald sich in eine Klause zurückziehen, dann (wieder) in ein Kloster gehen.» (257)

Weil die Menschen es nicht mehr bei sich selber aushalten, suchen sie die Lösung ihrer Probleme in einer äußeren Veränderung. Sie wechseln den Ort oder die Lebensform, um eines Tages feststellen zu müssen, dass sie sich selber mit ihren Problemen mitgenommen haben und dass sich nichts verändert hat. Statt sich selber auf den Grund zu kommen, fliehen sie in äußere religiöse Betriebsamkeit:

«Da kommen denn viele Leute und erdenken sich mancherlei Wege (um zum Ziel zu gelangen): die einen wollen ein Jahr lang von Wasser und Brot leben, die anderen eine Wallfahrt machen, bald dies, bald das. Ich nenne dir den einfachsten und kürzesten Weg: Geh in deinen Grund ... Wenn nicht, lauf bis zum Ende der Welt, und tu alles Mögliche, es hilft dir nichts.» (596)

Heute würde Tauler vielleicht sagen: Um ja nicht sich selber begegnen zu müssen, laufen die Leute von einem Kurs oder Weekend zum anderen. Und wenn es beginnt ernst zu werden, wechseln sie einfach die Methode oder den Meister. Darum wird er nicht müde, in seinen Predigten die Menschen zu ermutigen, nicht länger vor sich und Gott davonzulaufen, sondern in einer «weseliche ker», einer wesentlichen Umkehr eine Neuausrichtung ihres Lebens zu wagen. Diese Umkehr umfasst für ihn drei Elemente: eine Einkehr, eine Abkehr und eine Hinkehr. Genauer: eine Einkehr zu sich selber, eine Abkehr von aller Ichbezogenheit und eine Hinkehr zu Gott.

Selbsterkenntnis

Das Erste also ist die Einkehr zu sich selber, die Selbsterkenntnis. Tauler klagt einmal in einer Predigt darüber, wie viel wahre Selbsterkenntnis sich bei manchen Heiden der Antike findet, während bei uns Christen oft so wenig davon zu erkennen sei:

«Es ist doch ein schwerer Schimpf und eine große Schande, dass wir armen Nachzügler, die wir Christen sind und so große Hilfe haben ..., recht wie blinde Hühner herumlaufen und unser eigenes Selbst, das in uns ist, nicht erkennen und gar nichts darüber wissen: das ist die Wirkung unseres zerteilten und nach außen gerichteten Wesens.» (339)

Schon ein Jahrtausend zuvor klagte Aurelius Augustinus (354–430) im Zehnten Buch seiner «Bekenntnisse» (X 8,15): «Und da gehen die Menschen hin und bewundern die Höhen der Berge, das mächtige Wogen des Meeres, die breiten Gefälle der Ströme, die Weiten des Ozeans und den Umschwung der Gestirne – und verlassen dabei sich selbst.»

Diese Diagnose hat inzwischen nichts an Gültigkeit verloren, sie dürfte im Gegenteil an Brisanz gewonnen haben. Es klafft heute ein immer größer werdender Abgrund zwischen einem rasant zunehmenden Informationswissen einerseits und einem immer rarer werdenden Lebenswissen andererseits. Oder wie es schon treffend formuliert wurde: «Wir suchen nach Erkenntnis und ertrinken in Information.»[9] In der Selbsterkenntnis geht es nach Tauler zuerst einmal darum, sich der Grundausrichtung des eigenen Lebens, seiner tiefsten Gesinnungen und Motivationen bewusst zu werden: «Darum blicke jeder täglich und oft in seinen Grund, ... was von ihm am meisten geliebt, verlangt und gesucht sei, was ihn am allermeisten zu trösten, erfreuen, bewegen vermag, was sein Inneres am häufigsten und am meisten beschäftige, wie lieb ihm Gott sei und alle göttlichen Dinge, ... wohin sein Wille gehe, die Ausrichtung seines Lebens und seines Wandels, seine Worte und Werke und wie er sich selbst zu sich selber verhalte.» (561)

Die unverstellte Begegnung mit sich selber bedeutet für den Menschen ein nicht geringes Wagnis. Denn sie konfrontiert ihn unweigerlich mit den Schattenseiten seiner Persönlichkeit, die er nur allzu gern übersehen möchte. Bei Tauler hört sich das so an: «Welch Elend in deiner Natur! Was du willst, tust du nicht; was du nicht willst, tust du. Wie viele furchtbare Versuchungen bedrängen dich ... Gott lässt dies alles zu um deines Besten willen, damit du durch all das zum Bewusstsein deines Nichts gelangest. Lass dich (da) tief in den Grund sinken, in dein Nichts, und lass den Turm (der Selbstgefälligkeit) mit all seinen Stockwerken über dich fallen.» (391 f.)

Was Tauler hier in einer vielleicht etwas fremd anmutenden Weise formuliert, dürfte dennoch klar sein und hat nichts an Aktualität verloren, nämlich: dass wahre Selbsterkenntnis nicht zu haben ist ohne die Bereitschaft zur «Trauerarbeit», wie wir heute sagen. Der Sinn solcher

Trauerarbeit besteht nicht darin, den Menschen zur Geringschätzung oder gar Ablehnung seiner selbst zu führen. Sie soll ihm vielmehr helfen, die Abschottung in sich selbst, in den «Turm seiner Selbstgefälligkeit» aufzubrechen, allen Eigensinn loszulassen und seinen Seelengrund jenem Gott zu öffnen, der ihn dort schon längst sucht.

Dabei können gerade die eigenen Mängel, die uns leid sind, die wir aber nicht zu überwinden vermögen, uns zum Segen werden. Tauler verwendet hierfür einen Vergleich, der sich in seiner Anschaulichkeit kaum überbieten lässt: «Das Pferd macht den Mist in dem Stall, und obgleich der Mist Unsauberkeit und üblen Geruch an sich hat, so zieht doch dasselbe Pferd denselben Mist mit großer Mühe auf das Feld; und daraus wächst der edle schöne Weizen und der edle süße Wein, der niemals so wüchse, wäre der Mist nicht da. Nun, dein Mist, das sind deine eigenen Mängel, die du nicht beseitigen, überwinden noch ablegen kannst, die trage mit Mühe und Fleiß auf den Acker des liebreichen Willens Gottes in rechter Gelassenheit deiner selbst. Streue deinen Mist auf dieses edle Feld, daraus sprießt ohne allen Zweifel in demütiger Gelassenheit edle, wonnigliche Frucht auf.» (43 f.)

Gelassenheit

In diesem Prozess des Loslassens und der Abkehr von sich selber kommt es nun im Menschen immer mehr zu einem inneren Führungswechsel. Nicht mehr der Mensch ist primär der Aktive, sondern Gott übernimmt nun die Führung: «Und dann kommt der Herr in einem geschwinden Augenblick und leuchtet in den Grund und will da selber Werkmeister sein. Und wird man der Gegenwart des Herrn gewahr, so soll man ihm freie Hand lassen und sich untätig verhalten, und alle Kräfte sollen schweigen und (Gott) eine große Stille bereiten; in diesem Augenblick wäre des Menschen Tätigkeit ein Hindernis (für Gottes Wirken), sogar seine guten Gedanken ... Und so soll der Mensch bisweilen wirken, bisweilen rasten, je nachdem er innerlich von Gott getrieben und gemahnt wird.» (444)

Es bedarf beim Menschen also einer spirituellen Hellhörigkeit, damit er merkt, wann es Zeit ist, zu wirken und selber tätig zu sein, und wann der Augenblick gekommen ist, zu rasten, auf alles eigene Tun zu verzichten, auch auf eigene gute Gedanken, wie Tauler ausdrücklich betont, um Gott ohne Hindernis gewähren zu lassen. Es ist die alte Spannung von Aktivität und Passivität, von Aktion und Kontemplation, der wir hier begegnen und die auszuhalten und in ein Gleichgewicht zu bringen schon immer Aufgabe einer echten Spiritualität war.

Worin besteht nun aber das Wirken Gottes im Menschen? Tauler formuliert es in einer Predigt einmal lapidar so: «Er (Gott) wirkt zweierlei im Menschen; das eine: er entleert ihn; das andere: er füllt das Leere, soweit und soviel er es leer findet.» (171)

Der Mensch muss von vielem entleert werden, damit ihn Gott mit Neuem füllen kann. Tauler bezeichnet die Bereitschaft dazu wie schon Meister Eckhart vor ihm als «Gelassenheit». Er meint damit nicht eine stoische Ruhe, die sich durch nichts erschüttern lässt, sondern die Bereitschaft, sich, seine Vorstellungen und Wünsche ganz Gott zu überlassen. Von solchen gelassenen Menschen sagt er in einer Predigt: «Die (gelassenen Menschen) lassen Gott ihren Grund bereiten und überlassen sich ganz Gott und entledigen sich des Ihren in allen Dingen und behalten nichts davon in keinen Dingen, ... weder im Tun noch im Lassen, weder so noch so, weder in Freud noch im Leid; sie nehmen alle Dinge von Gott in demütiger Furcht und reichen sie ihm gänzlich wieder hinauf in bloßer Armut ihres Selbst, in williger Gelassenheit und beugen sich damit unter den göttlichen Willen; wie Gott es wolle in allen Dingen, so sind sie es zufrieden.» (37)

Tauler ist zutiefst davon überzeugt, dass der Mensch in der Haltung der Gelassenheit weiter vorankommt als durch eigensinniges Wollen: «Wenn man so denkt und entbehrt in rechter Gelassenheit, hat man mehr und empfängt mehr als mit Nehmen und Haben nach eigenem Willen.» (136)

Gottleiden

Gelassenheit schließt für Tauler in letzter Konsequenz auch die Bereitschaft zum «gottliden» (552), zum Gottleiden mit ein: die Bereitschaft, «in leidender Weise das Wirken Gottes zu erfahren» (420); es ganz Gott zu überlassen, wann, wo und wie er kommen will (385). Es kann letztlich sogar die Bereitschaft zur Erfahrung der «Gottentfremdung in sich» (59) enthalten: zur Erfahrung, dass Gott nicht kommt (246), dass er sich nicht zu erfahren gibt: «Jene (die gelassenen Menschen) werden auf einen engen Weg gebracht und gezogen, der ganz finster und trostlos ist, auf dem sie eine unleidliche Drangsal verspüren und den sie doch nicht verlassen können ... Dahinein müssen sie sich wagen und sich dem Herrn auf diesem Weg überlassen, solange es ihm gefällt. Und zuletzt tut der Herr, als ob er von ihrer Qual nichts wisse; da ist ein unleidliches Darben und großes Verlangen, und doch (muss alles) in Gelassenheit (ertragen werden). Das nennt man eine wesentliche Umkehr: ihr entspricht der allerwesenhafteste Lohn.» (331)

Zur Erfahrung der Menschen mit Gott gehört auch die «Erfahrung seiner Nicht-Erfahrung»; die Erfahrung, dass Gott schweigt und so tut, «als ob er von ihrer Qual nichts wisse». Das bekamen Glaubende schon seit biblischen Zeiten zu verspüren. Von ihr zeugen die bewegenden Klagen eines Jeremia, Jjob und vieler namenloser Beter in den Psalmen, der Verlassenheitsruf Jesu am Kreuz und die Lebensgeschichten mancher Mystikerinnen und Mystiker.[10] Sie wissen zu berichten von Erfahrungen einer «dunklen Nacht des Glaubens», die oft nicht nur Tage, Monate oder Jahre, sondern sogar Jahrzehnte dauerte, wie es die vor kurzem veröffentlichten persönlichen Aufzeichnungen von Mutter Teresa auf eine für manche geradezu schockierende Weise zu Bewusstsein brachten.[11] Solche Zeugnisse stehen quer zum Mystik-Boom der heutigen Erlebnisgesellschaft, für die sogar religiöse Erfahrung zum produzierbaren Konsumartikel zu verkommen droht.[12]

Neuwerden

Tauler war davon überzeugt, dass Gott den Menschen nur deshalb in die Bedrängnis, auch in die Bedrängnis des Loslassens und des Gottleidens kommen lässt, um in ihm eine neue Geburt herbeizuführen: «Glaubt mir auf mein Wort, dass keine Drangsal im Menschen entsteht, es sei denn, Gott wolle eine neue Geburt in ihm herbeiführen ... Und nun prüfe dich: wenn dir ein Geschöpf (diese Drangsal abnimmt), es sei wer immer, ist es mit der Gottesgeburt in dir vorbei.» (310)

Tauler warnt vor der Versuchung, sich den Druck der Geburtswehen zu nehmen oder ihn sich von andern nehmen zu lassen. Das würde nichts weniger bedeuten als die Geburt selber zu verhindern. Es bleibt nur eines: sich ganz dem Handeln Gottes zu übergeben und sich den Druck allein von ihm nehmen zu lassen. Dann wird Gott die Seele des Menschen allmählich durchdringen und verwandeln, bis sie schließlich ganz seine Farbe angenommen hat, «gottfarben» geworden ist, wie er mit einem schönen Bild sagt: «Gott lebt, west und wirkt in der Seele. Dadurch wird die Seele ganz gottfarben, göttlich, gottförmig. Sie wird durch Gottes Gnade all das, was Gott von Natur ist, (und zwar) in der Vereinigung mit Gott, in dem Einsinken in Gott, sie wird über sich hinaus in Gott geholt ... Wer sie sähe, erblickte sie in dem Kleid, der Farbe, der Weise, dem Wesen Gottes.» (277)

Tauler braucht in diesem Zusammenhang gelegentlich das aus der Tradition der Braut- und Liebesmystik stammende Bild, dass Gott seine Braut, die menschliche Seele, ihrer alten Kleider, das heißt ihrer Unzulänglichkeiten und Fehler entkleidet und sie wäscht, um sie mit neuen Kleidern umso herrlicher auszustatten. (564f., 576) Er ist sich indessen bewusst, dass das in diesem irdischen Leben nie ein endgültiger Zustand ist, sondern stets ein dynamischer, nie abgeschlossener Prozess bleibt. (231) Von sich selber bekennt er bescheiden: «Glaubt nicht, dass ich in eigenem Erleben bis dahin gelangt sei. Gewiss sollte kein Lehrer von Dingen sprechen, die er nicht selbst erlebt hat. Doch zur Not genügt, dass er liebe und das im Sinn habe, wovon er spricht, und ihm kein Hindernis bereite.» (313)

In Solidarität mit der Welt

Von den «gottfarbenen», gottdurchdrungenen Menschen bekennt Tauler in einer Predigt: «Diese Leute schauen allein auf Gott und niemand anderen, und sie werden in Wahrheit erleuchtet, denn Gott leuchtet in sie so kräftig und lauter in allen Dingen; ... diese wirken und tun in allen ihren Werken nichts ohne Gott, und falls man es so aussprechen darf, etlichermaßen wirken nicht sie, sondern Gott wirkt in ihnen. Dies sind liebenswerte Menschen, sie tragen die ganze Welt und sind deren edle Säulen.» (38)

In einer andern Predigt wagt er sogar zu sagen: «Gäbe es diese Menschen nicht in der Christenheit, so stünde die Welt nicht eine Stunde lang.» (287)

Christliche Spiritualität und Mystik ist keine bloß private, erlebnisbezogene «Wohlfühlreligion», in der sich alles um die egoistische Selbstverwirklichung dreht. Sie führt in der Nachfolge Jesu, des Gekreuzigt-Auferstandenen, mitten hinein in die oft schmerzhafte Geschichte dieser Welt und ihrer Dunkelheiten. Was Christsein heißen könnte in einer Zeit, die für manche gekennzeichnet ist durch die Erfahrung der Abwesenheit und des Schweigens Gottes, hat Kardinal Carlo Maria Martini, ehemals Erzbischof von Mailand, einmal in folgende Worte gefasst: «Mir scheint, dass ein Christ in der heutigen säkularen Welt jene Einsamkeit und Gottferne wahrnehmen kann und gerufen ist, darauf eine Antwort zu geben. Vielleicht gerade dadurch, dass er selbst in das Leid dieser Nacht eintritt, dass er – ohne seinen Glauben und seine Hoffnung zu verlieren – solidarisch wird mit denen, die (vielleicht ohne es zu merken) fern von Gott leben.»[13]

1417–1487

Niklaus von Flüe

«Gib mich ganz zu eigen Dir!»

Als man nach dem Tod von Bruder Klaus daran ging, Aussagen seiner Verwandten und Bekannten zu sammeln und sie im «Kirchenbuch von Sachseln» festzuhalten[1], berichtete sein Jugendfreund Erni Anderhalden: Bruder Klaus hätte «mehr denn einmal gesagt, dass ihm Gott unter andern drei große Gnaden verliehen, nämlich des ersten, dass er die Zustimmung von Frau und Kindern zu seinem Einsiedlerleben erlangt, zum andern, dass er keinen Willen, Begierde oder Versuchung jemals gehabt, von solchem Leben wiederum zu Frau und Kindern zurückzukehren, und zum dritten, dass er ohne leibliche Speise und Trank zu leben vermochte».[2]

In diesem kurzen Bericht ist alles auf den Punkt gebracht, was nicht erst heute, sondern schon damals Menschen an Bruder Klaus zugleich anzog und befremdete: das Verlassen von Frau und Kindern, das zwanzigjährige Leben in der Abgeschiedenheit und das ebenso lange Fasten. Sein Leben übersteigt durchschnittliches Fassungsvermögen. Am stärksten bekam dies jener Mensch zu spüren, der ihm am nächsten war, seine Frau Dorothee Wyss. Je tiefer Klaus ins Geheimnis Gottes hineingezogen wurde, umso mehr entschwand er seiner Frau. «Ganz nah und weit weg»[3], so empfand sie ihn. Am eigenen Leib musste sie erfahren, was Karl Rahner einmal so formulierte: «Heiligkeit ist ein Geheimnis, das tödlich schreckt und lockend ruft zumal.»[4]

Kindheit und Jugend

Klaus von Flüe kam um 1417 als Sohn einer begüterten und politisch regsamen Bauernfamilie auf dem Sachsler Berg zur Welt.[5] Sein Geburtsjahr ist urkundlich nicht verbürgt. Es lässt sich nur aus der Tatsache erschließen, dass er am 21. März 1487 im 70. Altersjahr gestorben ist. Über seine Kinder- und Jugendzeit wissen wir wenig. Verlässliches berichten einzig seine beiden Jugendfreunde und Nachbarn Erni Anderhalden und Erni Rohrer. Letzterer bezeugte ein Jahr nach Klausens Tod, dieser «sei immer ein eingezogener, guter, tugendhafter, frommer und wahrhafter Mensch gewesen, der niemanden erzürnte. Und wenn sie vom Acker oder anderen Arbeiten heimkamen, so entfernte sich Bruder Klaus stets allein hinter einen Stall oder sonst einen einsamen Ort. Da betete er und ließ ihn und die andern Knaben laufen, wohin sie wollten ... Als er noch ein ganz junger Knabe war, fing er an und fastete lange Zeit alle Freitage, hernach alle Wochen vier Tage und die ganze Fasten hindurch, so dass er nichts aß als täglich ein kleines Stücklein Brot oder ein wenig dürrer Birnen. Und das tat er heimlich, um nicht damit zu prahlen. Und wenn er deshalb befragt oder von etlichen, die glaubten, er möchte es nicht erleiden, getadelt wurde, so sprach er immer, Gott wolle es so haben.[6]

Bauer, Ratsherr, Richter

Wenn auch kein Grund besteht, den Kern dieses Zeugnisses anzuzweifeln, dürfte es doch durch die Erinnerung an das spätere ungewöhnliche Leben Klaus von Flües verklärt sein. Dieses Leben war in Wirklichkeit keineswegs von Anfang an auf ein Eremitendasein hin angelegt. «Nikolaus von Flüe war Bauer, dem Boden verhaftet; er brauchte lange Zeit, bis er sich von dessen Eigen- und Schwergewicht gelöst hatte ... Der Betrieb verlangte ganzen Einsatz auf dem Feld, in den Obstbergen und in den Ställen. Früh begann die Einübung ins Mittragen politischer Entscheidungen. So nahm er als Sechzehnjähriger mit dem Vater im Ring an der Landsgemeinde teil, wurde als Neunzehnjähriger Ratsherr, später Richter und Träger hoher politischer Ämter.»[7]

Mit Sicherheit nahm Klaus in seinen jungen Jahren auch an verschiedenen Kriegszügen teil. In Frage kommen etwa der «Alte Zürichkrieg» (1439–1446) und der Thurgauer Feldzug (1460). Er tat dies allerdings nur auf Befehl. Ab sechzehn konnten damals Männer zum Wehrdienst verpflichtet werden. Die Hauptgründe dieser Kriegszüge waren häufig Abenteuerlust und die Hoffnung auf reiche Beute. Vor diesem Hintergrund ist die Äußerung Erni Anderhaldens zu verstehen, Klaus «habe stets die Billigkeit liebgehabt, das Unrecht gestraft und in Kriegen seine Feinde wenig beschädigt, sondern sie nach seinem Vermögen beschirmt»[8]. Auch Erni Rohrer bezeugt, Klaus habe «im Kriege seine Feinde wenig geschädigt, sondern sich immer zur Seite begeben, gebetet und sie nach seinem Vermögen beschirmt»[9]. Beschirmt wovor? Vor dem Niedermetzeln der Gefangenen; denn es ist bekannt, dass in den Kriegen der alten Eidgenossen keine Gefangenen gemacht, sondern nach einem Sieg alle überlebenden Gegner totgeschlagen wurden.[10]

Schwierige kirchliche Situation

Auch die kirchliche Situation seiner Zeit war wenig erfreulich.[11] Die innerkirchlichen Streitigkeiten im Gefolge des großen abendländischen Schismas mit seinen drei Päpsten und die gegenseitigen Bannflüche von Päpsten und Bischöfen wirkten sich auch unmittelbar auf das Leben Klaus von Flües aus. Weil die Heimatpfarrei Sachseln zur Zeit seiner Geburt unter Interdikt stand, das heißt unter dem Verbot aller gottesdienstlichen Handlungen, konnte er nicht hier getauft, sondern musste dazu in die Nachbarpfarrei Kerns gebracht werden. Als Erwachsener wurde er zudem wiederholt in Streitigkeiten prozessierender Geistlicher hineingezogen. So führte er 1457 an der Spitze seiner Kirchgenossen erfolgreich einen Prozess gegen den Pfarrer von Sachseln. Dieser erhob unrechtmäßig einen Anspruch auf den so genannten «nassen Zehnten», das heißt den Zehnten von Birnen- und Apfelbäumen. In seinem Verhältnis zu den Priestern unterschied Klaus klar zwischen dem priesterlichen Amt, vor dem er stets große Ehrfurcht empfand, und seinen Trägern. Eigentlich waren nur zwei Priester seine Vertrauten: der mit ihm befreundete Heimo Amgrund, Pfarrer von Kriens und später von Stans, und sein Beichtvater Oswald Isner, Pfarrer von Kerns.

Glücklicher Ehemann und Vater

Um 1445/46 heiratete Klaus von Flüe Dorothee Wyss, die wahrscheinlich von der Schwendi ob Sarnen stammte. Während er selber damals bereits neunundzwanzigjährig war, zählte seine Braut erst etwa vierzehn Jahre.

Die Heiratsfähigkeit der Mädchen war damals auf das vierzehnte Altersjahr festgesetzt. Der Ehe der beiden entsprossen zehn Kinder, fünf Knaben und fünf Mädchen. Über den Ehemann und Familienvater Klaus von Flüe berichtet 1478 Albrecht von Bonstetten, Dekan des Klosters Einsiedeln, kurz und bündig: «Er ist nie als ehebrüchig oder als Trinker vermerkt.»[12]

Die Tatsache, dass dies eigens hervorgehoben wird, weist darauf hin, dass solches bei den Eidgenossen des 15. Jahrhunderts keineswegs selbstverständlich war. Sie waren im Ausland vielmehr für ihren ausgiebigen Alkoholverbrauch bekannt. «Faire Suisse» galt im damaligen Frankreich geradezu als Bezeichnung für das Sich-Betrinken.[13] Auch Ehebruch war ihnen wohl vertraut. So spricht es für die hohe Qualität der Ehe von Klaus und Dorothee, wenn der sächsische Junker Hans von Waldheim aus Halle, der 1474 auf dem Heimweg von einer Pilgerreise nach Südfrankreich den Ranft aufsuchte und dabei auch Dorothee und ihrem jüngsten Sohn Niklaus begegnete, diese wie folgt beschreibt: «Seine Frau ist noch eine hübsche junge Frau unter vierzig Jahren mit einem frischen Angesicht und glatter Haut. Der Junge ist aufrechter Haltung wie Bruder Klaus, er gleicht ihm, als wäre er ihm aus dem Gesicht geschnitten.[14] Waldheim schätzte Dorothee zu jung ein. In Wirklichkeit war sie damals bereits über vierzig.

«Reinigende Feile und antreibender Sporn»

Trotz seines familiären Glücks, seines wirtschaftlichen Erfolgs und seines gesellschaftlichen Aufstiegs – er wurde inzwischen in höchste politische Ämter gewählt und man sah in ihm einen kommenden Landammann – geriet Klaus von Flüe zwischen 1462 und 1465 in eine radikale Sinn- und Lebenskrise. Er wurde der weltlichen Geschäfte überdrüssig und verfiel in tiefe Schwermut und Depression. In seiner Not suchte er das Gespräch mit einem befreundeten Priester, wahrscheinlich Heimo Amgrund.

Wie schwierig diese Zeit für ihn war, lässt sich erahnen, wenn er im Rückblick auf sie einem namentlich nicht bekannten Dominikaner, der ihn 1469 im Ranft besuchte, bekannte: Als es Gott «gefiel, um mich zurückzukaufen, seine Barmherzigkeit gegen mich vollzumachen, wandte er die reinigende Feile und den antreibenden Sporn an, d. h. eine schwere Versuchung, so dass er weder Tags noch Nachts duldete, dass ich ruhig war, sondern ich war so tief niedergedrückt, dass mir selbst die liebe Frau und die Gesellschaft der Kinder lästig ward. Während ich in diesem Zustand verharrte, kam jener sogenannt innig Vertraute und Freund ... zu mir zu besonderer Aussprache. Wie wir über allerlei redeten, enthüllte ich ihm meine Beängstigung und Beschwernis. Er brachte darauf verschiedene heilsame Ratschläge und Mittel vor, durch welche er meine Versuchung zu heben hoffte, aber ich erwiderte ihm: dies und ähnliches hätte ich versucht und keinen Trost gefunden, und es hätte nicht im Geringsten genützt.»[15]

«Andächtige Betrachtung des Leidens Christi»

Da empfahl ihm der befreundete Priester schließlich das «beste und heilkräftigste Mittel»: «Es bleibe noch die andächtige Betrachtung des Leidens Jesu Christi. Ganz erheitert erwiderte ich, das sei mir unbekannt, und ich wisse nicht die Art und Weise, das Leiden Jesu Christi zu betrachten. Da lehrte er mich die Abschnitte des Leidens unterscheiden durch die sieben kanonischen Stunden nach der Tageseinteilung des kirchlichen Stundengebetes. Darauf hielt ich Einkehr in mich und begann die Übung täglich zu erfüllen, in welcher ich aus Barmherzigkeit des Erlösers für meine Armut Fortschritte machte, und weil ich in viele Geschäfte und weltliche Beamtungen verstrickt war, sah ich, dass ich in der Gesellschaft der Menschen dies weniger andächtig vollbringen könne. Darum zog ich mich häufig an diesen heimlichen und nahen Ort meiner Leidensbetrachtung zurück (nämlich den Ranft), so dass niemand es wusste als meine Frau und dies jeweilen nur aus einfallenden Ursachen. Und so verblieb ich zwei Jahre.»[16]

Die Betrachtung des Leidens Christi war eine im späten Mittelalter sehr beliebte und weit verbreitete Andacht. Das anspruchsvolle Betrachtungsprogramm, das den sieben liturgischen Gebetszeiten zugeordnet war, konnte in einem Kloster gut bewältigt werden, es bestimmte ja dort den Tagesablauf.[17] Für einen in der Welt lebenden und tätigen Menschen wie Klaus war es jedoch schwer zu erfüllen. Er nutzte dazu jede sich bietende Gelegenheit, auch manche Stunden der Nacht, wenn die anderen schliefen. Sein ältester Sohn Hans berichtet: «Jede Nacht, wann immer er erwachte, so hörte er, dass sein Vater wieder aufgestanden war und in der Stube bei dem Ofen betete.»[18]

Die Passionsbetrachtung half Klaus, «seine um sich selbst kreisenden Gedanken von sich zu lösen und Trost im Leiden Christi zu finden ... Gemessen an dessen Leiden wurden seine Sorgen und Kümmernisse klein und bedeutungslos.»[19] Er machte, wie er es dem unbekannten Dominikaner gegenüber formulierte, «für seine Armut Fortschritte», das heißt, er wurde innerlich «arm», frei von sich selber und offen für Gott und seinen Willen.

Rückzug von allen Ämtern

Die erste, nach außen sichtbare Folge bestand darin, dass Klaus von allen politischen und richterlichen Ämtern zurücktrat. Dieser Entschluss wurde ihm dadurch erleichtert, dass die Obwaldner Regierung in den Sechzigerjahren des 15. Jahrhunderts zu mancherlei unsauberen Geschäften Hand bot, die er nicht mitzutragen bereit war. Doch auch nach seinem Rückzug von den weltlichen Geschäften fand er nicht zur inneren Ruhe. Unerklärbare Visionen und weitere Begebenheiten, wie etwa ein gewaltsamer Sturz im steilen Hang, den er dem Wirken des Teufels zuschrieb, bedrängten ihn. Sein Beichtvater Oswald Isner berichtet, Klaus habe «ihm mehr als einmal geklagt, dass er viel und mancherlei Anfechtung vom Bösen Geist gehabt hätte, und besonders wäre der Teufel, wie ihn dünkte, einst in eines Edelmanns Gestalt zu ihm gekommen in köstlichen, beschlagenen Kleidern, wohlberitten, und nach langem Reden riet dieser ihm, er solle von seinem Unternehmen lassen und tun wie andere Leute, denn er möchte das ewige Leben nicht so verdienen»[20].

Diese Begebenheiten waren Ausdruck des dramatischen inneren Ringens von Klaus. Er war bereit, Gott mit Leib und Seele zu dienen, aber er wusste noch nicht, was dieser mit ihm vorhatte. «Was er suchte, fand er nicht, und was er fand, das suchte er nicht.»[21] In einem schmerzlichen Prozess musste er lernen, sich von eigenen Vorstellungen zu lösen und sich ganz Gott zu überlassen.

Abschied von Frau und Kindern

Was ihm in seinen Visionen aufgegangen war, das wollte Klaus nun auch in der Wirklichkeit umsetzen. Er war an einen Punkt gelangt, an dem «es nur noch ‹Gott› für ihn geben konnte»[22]. Am 16. Oktober 1467, dem Festtag des heiligen Gallus, nahm er Abschied von Frau und Kindern, «in der festen Meinung sich ins Ausland zu begeben und als Pilger von einer heiligen Stätte zur andern zu wandern»[23]. Dieser Entschluss war für seine Familie, besonders für seine Frau Dorothee, eine schwer zu verkraftende Zumutung. Zwei Jahre rang sie mit Klaus und suchte ihn davon abzubringen. Schließlich gab sie ihren Widerstand auf und ließ ihn ziehen, aus Liebe; «es war ihr Ja zu Gottes Ruf, dem Nikolaus folgte»[24].

Welch großes Opfer dieses Ja für Dorothee bedeutete, lässt sich aus dem kurzen Gespräch erahnen, das Hans Waldheim sieben Jahre später bei seinem Besuch im Ranft mit ihr führte. Es ist das einzige Mal in den zeitgenössischen Berichten, dass Dorothee selber zu Wort kommt, was diese Stelle umso kostbarer macht. Auf die Frage Waldheims: «Liebe Frau, wie lange ist Bruder Klaus fort von Euch?», antwortete sie: «Dieser gegenwärtige Knabe, mein Sohn, wird am Tage des Sankt Johann des Täufers sieben Jahre alt, und als der Knabe dreizehn Wochen alt war, es war am Sankt Gallustage, da schied Bruder Klaus von mir und ist seit der Zeit nie mehr bei mir gewesen.»[25] Ohne das Ja Dorothees hätte Klaus nie wegziehen und zu dem werden können, als den wir ihn heute kennen und verehren.[26]

Klausens Absicht, in die Fremde zu gehen und auf diese Weise Gott als Pilger zu dienen, schloss sich einer alten christlichen Tradition an. Ihr zufolge war «das Pilgern und In-die-Fremde-Ziehen ein asketisches Tun …, in dem man Jesus nachfolgte, der zeitlebens keine Stelle hatte, wohin er sein Haupt legen konnte (Mt 8,20; Lk 9,58)»[27]. Als Armer – ausgerüstet nur mit einem Pilgerrock, der «vielleicht ein Werk von Dorothee»[28] war – brach er auf.

Lichterscheinung von Liestal

Sein Weg führte ihn zunächst Richtung Basel. Sein Ziel war letztlich wohl das Elsass, das als Land der Bewegung der Gottesfreunde für asketisch-mystisch suchende Menschen eine hohe Anziehungskraft besaß. Doch so weit sollte er nicht kommen. Als er sich eines Tages im Spätherbst 1467 vor Liestal befand, wurde er von Erscheinungen heimgesucht, die ihm die Weiterreise versperrten.

Erni Rohrer schildert das Ereignis folgendermaßen: «Und als er damals gegen Liestal kam, dünkte ihn, wie selbe Stadt und alles darin ganz rot wäre, darob er erschrak. Deshalb sei er aus ihr weg auf einen Hof zu einem Bauern gegangen, dem er nach mancherlei Rede seinen Willen zu verstehen gegeben, woran der selige Bauer keinen Gefallen hatte, sondern ihm das widerriet und meinte, er sollte wieder heimgehen zu den Seinen und daselbst Gott dienen. Das würde Gott angenehmer sein, als wenn er andern, fremden Leuten zur Last falle; und er werde es ruhiger haben, aus der Ursache, dass er ein Eidgenosse sei, denen nicht alle gleich hold wären.»[29] Die letzte Bemerkung wirft ein nicht gerade günstiges Licht auf das damalige Image der Eidgenossen im Ausland.

Erni Rohrer fährt in seinem Bericht dann weiter: «Darum ging er (Klaus) in derselben Nacht aus des Bauern Haus auf das Feld. Da lag er die Nacht bei einem Zaun, und als er entschlief, kam ein Glanz und ein Schein vom Himmel; der öffnete ihn am Bauche, wovon ihm solcher Schmerz geschah, als ob ihn einer mit einem Messer aufgeschnitten, und zeigte ihm, dass er wieder heim und in den Ranft gehen sollte, was er auch sofort am Morgen tat.»[30]

Heimliche Rückkehr in die Heimat

Die Rückkehr in die Heimat bedeutete für Klaus keine Rückkehr in sein früheres Leben. Er zeigte sich weder seiner Frau noch seinen Kindern, sondern verbrachte die erste Nacht in einem Kuhstall in der Nähe seines Hauses. Am nächsten Morgen zog er sich ins weiter entfernte Melchtal auf die Alp Klisterli zurück. Hier blieb er acht Tage unentdeckt, bis Jäger zufällig seinen Aufenthaltsort fanden.

Die heimliche Rückkehr erregte Aufsehen und zog zahlreiche Besucher an, die Klaus in seiner Ruhe störten. Daher durchstreifte er die umliegenden Berge und Wälder, um eine geeignete Einsiedelei zu finden. Eine erneute Erscheinung – vier helle Lichter, die vom Himmel kamen – zeigte ihm schließlich die Stelle, wo er fortan leben und wohnen sollte. Es war der Ranft, in den er sich schon früher gern zur Betrachtung zurückgezogen hatte. Hier baute sich Bruder Klaus, wie er sich nun nannte, eine einfache Hütte aus Ästen und Laub und verbrachte in ihr den Winter. Im darauffolgenden Jahr bauten ihm seine Landsleute – gegen den Widerstand seiner Verwandten – eine Kapelle mit anschließender Zelle. So fand er, kaum zehn Minuten von seinem Heimwesen entfernt, die endgültige Stätte, wo er die letzten zwanzig Jahre seines Lebens verbringen sollte.

Abstinenz von Speise und Trank

Nach der schmerzhaften Erscheinung bei Liestal stellte Bruder Klaus fest, dass er seit elf Tagen nichts mehr gegessen und getrunken hatte. Über diese Tatsache verunsichert zog er Pfarrer Oswald Isner, seinen Beichtvater, ins Vertrauen. Er wollte sich vergewissern, dass er mit seiner Abstinenz «weder Gott versuchte noch freventlich und mutwillig die dem Menschen gesetzte Grenze überschritt»[31]. Pfarrer Isner riet ihm nach eigener Bezeugung: «Weil Gott ihn so lange bis zum elften Tag ohne Speise erhalten hätte, sofern er das ohne Hungertod möchte erleiden, so soll er sich noch mehr darin versuchen, was auch Bruder Klaus getan und von da weg bei zwanzig und einem halben Jahr bis an sein Ende also verharrte, dass er keine leibliche Speise brauchte weder mit Essen noch mit Trinken.»

Isner fährt in seinem Bericht dann fort: Da «ihn gar sehr gewundert, was ihn denn am Leben erhalten hätte, so habe er Bruder Klaus öfters gefragt und des längeren in ihn gedrungen, dass er ihm einmal in seinem Häuschen in großem Vertrauen gesagt habe, wenn er bei der Messe sei und der Priester das Sakrament genieße, dann empfange er davon eine Stärkung, dass er ohne Essen und Trinken sein möge, sonst möchte er das nicht erleiden»[32].

Was als Wunderfasten des Bruder Klaus in die Geschichte einging, würde man treffender als «die Geschichte einer wunderbaren Nahrung» bezeichnen.[33] Denn nur durch die Teilnahme an der Feier der Eucharistie war es Klaus möglich, sein Fasten aufrechtzuerhalten. Die Kommunion im engeren Sinn, die er zunächst nur an den hohen Festen und später etwa einmal im Monat empfing[34], war umfangen von der Praxis der so genannten «geistlichen Kommunion». Durch jenes der beiden Fenster seiner Zelle, das nach innen, auf den Altar der Kapelle hin gerichtet ist, konnte er auf geistliche Weise an der Kommunion des Priesters und durch sie an der Kommunion, der Vereinigung mit Christus teilhaben.

Politische und kirchliche Nachforschungen

Das Fasten von Bruder Klaus konnte nicht unentdeckt bleiben. Die Kunde davon verbreitete sich in Windeseile über die Grenzen der Eidgenossenschaft hinaus. Die Obwaldner befürchteten, dem allgemeinen Gespött preisgegeben zu werden, falls sich dieses Fasten als Täuschung entlarven sollte. Sie ließen deshalb den Ranft Tag und Nacht bewachen, ohne aber feststellen zu können, dass Klaus heimlich Nahrung zugetragen wurde. Je länger diese Nahrungslosigkeit dauerte, desto mehr musste sie auch die Aufmerksamkeit der kirchlichen Oberen auf sich ziehen, denn sie brachte Bruder Klaus in den Ruf eines «lebendigen Heiligen»[35] oder dann eines Teufels.

Daher beauftragte Bischof Hermann von Konstanz, zu dessen Diözese damals große Teile der Eidgenossenschaft gehörten, seinen Weihbischof Thomas, sich «durch geheime Nachforschung und eifrige Verhörung ... umständlich und genau zu informieren»[36]. Als dieser am 27. April 1469 die Kapelle im Ranft einweihte, überprüfte er auch das Fasten von Bruder Klaus. Er führte mit ihm ein mehrstündiges Gespräch und stellte ihm, wie Heinrich Wölflin in seiner offiziellen, von der Obwaldner Regierung in Auftrag gegebenen Biografie von 1501 berichtet, die zunächst harmlos klingende «Frage, welches die größte und Gott wohlgefälligste Tugend sei, und als Nikolaus antwortete: der Gehorsam, nahm Thomas sofort Brot und Wein, die er, um ihn zu versuchen, bei sich trug, brach das Brot in drei Bissen und befahl ihm, kraft Gehorsams, zu essen. Nikolaus wollte dem Befehl des Prälaten sich nicht widersetzen, aber die Schwierigkeit infolge der langen Entwöhnung fürchtend, erlangte er durch Bitten, dass jener ihm erlaubte, nur eines der Stücke, in drei kleine Teile zerteilt, essen zu müssen. Er konnte sie nur mit größter Mühe genießen und auch das Schlücklein Wein konnte er kaum ohne Brechen schlürfen. Darüber bestürzt, erklärte der Prälat den Mann als völlig bewährt.»[37]

Von sich aus sprach Bruder Klaus nie über das Geheimnis seiner Nahrungslosigkeit. Auf die neugierige Frage Waldheims antwortete er nur: «Gott weiß.»[38] Es ist vielleicht «der hintergründigste und abgründigste Satz, der von Klaus überliefert ist»[39]. Auf die dreiste Behauptung eines Abtes: «Du bist also derjenige, der sich rühmt, in so vielen Jahren nichts gegessen zu haben?», erwiderte er: «Guter Vater, ich habe nie gesagt und sage nicht, dass ich nichts esse.»[40] Bruder Klaus hütete sich zeitlebens davor, sich seiner Nahrungslosigkeit zu rühmen. Sie war für ihn «eine Gnade Gottes ..., die er weder hinterfragen noch deuten wollte»[41]. Zugleich war sie ein prophetisches Zeichen gegenüber einer Zeit und Gesellschaft, die sich durch eine bisher kaum gekannte «übermäßige Esslust ... nicht zuletzt des Klerus und der Mönche»[42] auszeichnete. Heinrich von Gundelfingen, Universitätslehrer in Freiburg im Breisgau und späterer Chorherr von Beromünster, der erste Biograf von Bruder Klaus, formulierte kurz und bündig: «Während wir also essen, trinken und ausgelassen sind und durch den von vieler Speise aufgeblähten Bauch fast zerbersten, widmete sich Nikolaus dem Gebete.»[43]

Welche Ausmaße die Fresssucht jener Jahrzehnte annehmen konnte, zeigen die Akten der Landshuter Fürstenhochzeit, die 1475 – Bruder Klaus lebte nun schon seit acht Jahren ohne leibliche Speise im Ranft – mit großem Pomp in Gegenwart des Kaisers und des Hochadels von halb Europa gefeiert wurde. Es genügt, einen einzigen Posten der erhaltenen Original-Kostenrechnung zu erwähnen, der die Abführmittel betrifft. «Bei den üppigen, stundenlang währenden Essen durch Tage hindurch musste immer wieder abführendes Konfekt gereicht werden, damit die hohen Gäste weiter tafeln konnten. Für Abführkonfekt ... wurden fünfhundert Gulden bezahlt: Das entsprach ungefähr dem Wert von 200 000 DM.»[44]

Der Stern im Ranft

Das Wunderfasten von Bruder Klaus «war nicht ein bloßes Ornament seiner Lebensgestalt, letztlich äußerlich und entbehrlich»[45]. Es war der sichtbare Ausdruck seiner inneren Lösung von der materiellen Welt, um sich der Fülle Gottes öffnen zu können. Im Ranft hatte er den Ort gefunden, wo äußerer und innerer Mensch endlich zur Einheit finden konnten, wo seine Sehnsucht nach dem «einig Wesen», nach der Vereinigung mit Gott, gestillt wurde. Erni Anderhalden erklärte im «Kirchenbuch von Sachseln», Bruder Klaus habe «ihm einmal gesagt, als er 16 Jahre alt gewesen, hätte er einen hohen hübschen Turm an der Stätte gesehen, wo jetzt sein Häuslein und seine Kapelle stehe. Deshalb sei er von Jugend auf stets willens gewesen, die Einsamkeit zu suchen, wie er auch getan.»[46]

Die Gewissheit von dieser Einheit mit Gott erlaubte es Bruder Klaus auch, ohne irgendeinen Zweifel dem priesterlichen Freund Heimo Amgrund von seinen vorgeburtlichen Erscheinungen zu erzählen. Dieser berichtet: Bruder Klaus habe «ihm gesagt, dass er im Mutterleib, ehe er geboren war, einen Stern am Himmel gesehen habe, der die ganze Welt durchschien, und seit er im Ranfte wohne, habe er stetsfort einen Stern am Himmel gesehen, der ihm gleich wäre, so dass er sicher glaube, er möchte es sein. Das bedeutete, wie er es auslegte, dass jedermann von ihm zu sagen wusste, dass er in der Welt also scheine. Auch habe Bruder Klaus ihm gesagt, dass er vor seiner Geburt im Mutterleib einen großen Stein gesehen habe, der bedeute die Festigkeit und Stetigkeit seines Wesens, darin er beharren und von seinem Unternehmen nicht abfallen sollte.»[47]

Es ist letztlich unerheblich, ob Bruder Klaus «diese pränatalen Erscheinungen tatsächlich erlebte oder ob es sich dabei um Träume handelte, die er derart intensiv erlebte, dass er sie für wahr hielt ... Entscheidend ist, dass er die pränatalen Erscheinungen als Bestätigung und Bekräftigung für sein gegenwärtiges Leben empfand und verstand.»[48] Auf die Frage eines Besuchers, ob er nicht fürchte, dass er irre oder fehle, antwortete er: «Wenn ich die Demut habe und den Glauben, so kann es nicht fehlen.»[49]

Im Ranft war Bruder Klaus endlich mit sich und Gott allein. Betrachtung und Gebet füllten einen wesentlichen Teil seines Alltags aus. Dabei wurde seine Ruhe immer öfter von Besuchern gestört, die bald aus allen Ecken der Eidgenossenschaft, aber auch aus dem Ausland herbeiströmten: «Humanisten, Bürgersöhne und Adelige, kirchliche Würdenträger, Gesandte von Städten und Fürsten und Ratsuchende bäuerlichen Standes, auch Theologen, die ihn auf die Probe stellen, der Inquisition überliefern wollten.»[50]

Die Regierung von Obwalden sah sich 1482 sogar veranlasst, bei der Luzerner Regierung eine Art Passkontrolle zu beantragen. In ihrem Bittschreiben erwähnte sie einleitend den Fall eines fremden Priesters, der Bruder Klaus «schwer und überaus heftig über die Heilige Dreifaltigkeit, über den christlichen Glauben und über andere christliche Ordnung geprüft, versucht und geplagt habe. Er habe ihn aber, wie wir es erwarteten, in dieser Prüfung und Versuchung nicht anders als standhaft, gerecht und vollkommen befunden. Er habe ihm aber, da er ihn nicht überwinden konnte, gedroht und angekündigt, er werde ihm einen andern auf den Hals schicken, der ihn noch härter probieren und versuchen müsse. Solches und anderes haben wir von Bruder Klaus jetzt wieder und schon öfter vernehmen müssen, so dass es uns nicht wenig ärgert und verdrießt.»[51]

Bruder Klaus selber rettete sich vor dem Besucherstrom dadurch, dass er, wie Bonstetten berichtet, «alle Tage, vor allem zur Sommerszeit, ungefähr drei Stunden weit weg in eine Höhle ging, um dort zu beten.»[52] Und Waldheim schreibt in seinem Tagebuch: «Bruder Klaus hat auch die Gewohnheit, dass er oft einen oder zwei Tage, wenn er seine Beschaulichkeit haben will, in den wilden Wald geht und dort allein ist. Man sagt auch in diesem Lande, dass Bruder Klaus oft und viel bei Unserer Lieben Frau zu Einsiedeln gesehen wird, aber kein Mensch begegnet ihm unterwegs, weder auf dem Hin- noch auf dem Rückwege.»[53]

«Guter Freund Gottes und der Welt»

Die Menschen, die ihre Sorgen und Anliegen zu Bruder Klaus trugen, verehrten ihn als den «guten Freund Gottes und der Welt»[54], wie ihn der Rat von Konstanz in einem Dankesbrief ansprach. Sie suchten bei ihm Rat und Trost, denn er hatte, wie der Spanheimer Abt Johannes Trithemius berichtet, «eine besondere Gnade, nicht nur einfache Seelen zu ermahnen, sondern auch die Trauernden und Schwermütigen zu trösten, eine Gnade, die ihm die göttliche Kraft erteilt hatte wegen der allseitigen Reinheit seines Herzens»[55]. Pilger aus Deutschland, die Einsiedeln besuchten, scheuten nicht die Mühe, auch zu Bruder Klaus in den Ranft zu gehen. Nicht allen Pilgern war jedoch der Zutritt zu ihm gestattet; «denn er sagte, dass viele nicht zur Erbauung, sondern vielmehr zu ihrem eigenen Nachteil ... die Gelegenheit suchten. Daher floh er jene, deren eitlen Sinn er innerlich erkannt hatte. Die übrigen aber, die zum Gespräche zugelassen wurden, begrüßte er heiter, belehrte und ehrte sie»[56], wie Wölflin festhält.

Bruder Klaus war kein Prediger oder weitschweifiger Redner. «Seine Stärke waren kurze, prägende und prägnante Sätze»[57], Ratschläge, die er jeweils in die konkrete Situation Einzelner oder politischer Gemeinschaften gab. Während er sich selber als einfachen «Bruder» verstand, sahen die Zeitgenossen in ihm immer mehr einen «Vater, zu dem sie aufblicken konnten»[58] und der sie an die großen Wüstenväter der ersten christlichen Jahrhunderte erinnerte.[59]

Seine Landsleute kamen immer öfter auch mit ihren politischen Sorgen zu ihm. Ihm wuchs eine Autorität zu, wie er sie früher als Ratsherr und Richter nie besessen hatte. Auch ausländische Städte und Fürsten baten ihn um Rat. Die geschichtlich folgenreichste Tat war jedoch seine Vermittlung beim sogenannten «Stanser Verkommnis» von 1481. Sie machte ihn zum «Vater des Vaterlandes». Durch seinen Rat rettete er damals die noch junge Eidgenossenschaft gleichsam in letzter Minute vor dem Bürgerkrieg und damit vor dem Auseinanderbrechen. Etwas von der Dramatik dieses Augenblicks lässt sich noch heute erahnen, wenn wir in Diebold Schillings Luzerner Chronik von 1507 lesen: «Wie bös die Sache vormittags war, ward sie doch von dieser Botschaft viel besser und in einer Stunde war sie ganz und gar gerichtet und abweg getan.»[60]

Im Bannkreis des göttlichen Blitzes

In seiner Biografie von Bruder Klaus behauptet Wöflin: «So viele auch zu ihm kamen, alle wurden beim ersten Anblicke von großem Schrecken befallen.[61] In der Tat wirkte Bruder Klaus unterschiedlich auf die Menschen. Dazu trug gewiss auch die innere Verfassung jener bei, die ihn besuchten.[62] Waldheim, der 1474 bei ihm war, schildert ihn so: «Bruder Klaus ist ein wohlgebauter Mann in meinem Alter, in seinen besten Tagen, annähernd 50 Jahre alt. (In Wirklichkeit war er damals bereits 57!) Er hat braunes Haar, noch kein graues. Er hat auch ein wohlgebildetes, gut aussehendes Angesicht, etwas schmal, und ist ein schlanker Mann mit aufrechter Haltung und spricht wohlklingend und gut Deutsch ... Er war auch nicht traurigen Mutes, sondern in seinem Geplauder, Handel und Wandel fanden wir ihn leutselig, mitteilsam, behaglich und vor allem freundlich.»[63]

Peter Schott, Kirchenrechtler aus Straßburg, der Bruder Klaus 1482, also acht Jahre später, besuchte, beschreibt ihn folgendermaßen: «Es war ein Mensch mit ungepflegtem Haarwuchs, jedoch einem edlen, von Magerkeit verrunzelten und wie von Staub bestreuten Angesichte, der seine langen Glieder mit einem einzigen Gewande bedeckte. Mit freundlichen und wahrhaft christlichen Worten empfing er uns ohne irgendeinen Schein der Heuchelei, aber auf unsere Fragen gab er schlichten und kurz abgemessenen Bescheid.»[64]

Bonstetten dagegen erschrak zuerst bei seinem Besuch im Jahre 1478, wie er selber berichtet, ihm «stiegen die Haare zu Berge, und die Stimme versagte» ihm.[65] Nach Wölflin gab Bruder Klaus «als Grund dieses Schreckens an, dass er (einst) einen riesigen Lichtglanz gesehen, der ein menschliches Antlitz umgab, bei dessen Anblick sein Herz, in kleine Stücke zerspringend, vor Schreck erschauerte. Völlig betäubt und instinktiv den Blick abwendend, sei er zur Erde gestürzt. Aus diesem Grunde komme sein eigener Anblick andern Leuten schreckbar vor.»[66]

Was Bruder Klaus erschauern und seinen Blick abwenden ließ, war die Erfahrung eines überirdischen Lichtglanzes, die seinen «Körper und Geist bis über die Grenze der Belastbarkeit hinaus»[67] erschütterte. Die Szene erinnert an Exodus 33,20, wo Gott zu Mose spricht: «Du kannst mein Angesicht nicht sehen; denn kein Mensch kann mich sehen und am Leben bleiben.» Obwohl Mose Gott nicht sah, sondern auf dem Sinai «nur» mit ihm sprach, strahlte sein Gesicht nachher so sehr, dass er einen Schleier darüber tragen musste, weil sich die Israeliten vor ihm fürchteten (vgl. Ex 34,29–35).

Wie Mose machte auch Bruder Klaus die Erfahrung des Göttlichen als eines zugleich beseligenden und erschreckenden Geheimnisses. Was ihm dabei widerfuhr, traf ihn bis in sein leibliches Dasein hinein, ein Zug, der auch bei anderen christlichen und nichtchristlichen Mystikern festzustellen ist. War bei der Erfahrung von Liestal das Organ, das symbolisch getroffen wurde, der Bauch als Sitz der Emotionen, so war es diesmal das Herz als die Mitte des Personseins. Als sichtbare Spur davon blieben auf seinem Antlitz die schreckhaften Züge und der geöffnete Mund, der sich nicht mehr schließt, Ausdruck des Staunens und Erschreckens zugleich. Dieser geöffnete Mund ist zwar literarisch nicht belegt, wohl aber scheint die alte Ikonographie ihn zu bezeugen.[68]

«Mein Herr und mein Gott»

Das bekannteste schriftliche Zeugnis, das wir von Bruder Klaus besitzen, ist das Gebet «Mein Herr und mein Gott». Seit Beginn der schriftlichen Aufzeichnung wird es übereinstimmend ihm zugeschrieben. Es beruht aber auf einer langen christlichen Gebetstradition: «Für fast jedes Wort und für fast jede Wendung … gibt es Belege (Parallelen) in Gebetsformeln, die um Jahrhunderte vorausgehen.»[69] Die stärkste inhaltliche und sprachliche Übereinstimmung weist es mit Aussagen des in Konstanz lebenden Dominikanermystikers Heinrich Seuse (1295–1366) auf, der zu seiner Zeit vielfältige Beziehungen in die Eidgenossenschaft unterhielt. In der heute gebräuchlichen und allgemein bekannten Fassung lautet das Gebet:

«Mein Herr und mein Gott, nimm alles von mir,
was mich hindert zu Dir.
Mein Herr und mein Gott, gib alles mir,
was mich führet (fördert) zu Dir.
Mein Herr und mein Gott, nimm mich mir
und gib mich ganz zu eigen Dir.»

In der ältesten Textüberlieferung des Gebets befand sich die heutige Schlussbitte am Anfang. Diese Fassung ist nicht nur die ältere, sondern höchst wahrscheinlich auch die ursprünglichere. Sie bringt gleich zu Beginn Bruder Klausens große Sehnsucht zur Sprache: seine Sehnsucht nach dem «einig Wesen», nach der Vereinigung mit Gott. Erst dann folgen die beiden Bitten, Gott möge all das aus dem Weg räumen, was der Erreichung dieses großen Zieles hinderlich, und all das geben, was ihr förderlich ist.[70] In der heutigen Fassung kommt diesen Bitten der Vorrang zu. Das entspricht wohl eher der geistlichen Situation der vielen Menschen, die sich damit abmühen, zuerst überhaupt einmal die in ihnen verschüttete Gottessehnsucht freizulegen. Das Gebet lässt sich so im Sinn der klassischen drei Stufen des mystischen Weges – Reinigung, Erleuchtung, Vereinigung – verstehen. Möglicherweise war dies auch der entscheidende Grund, weshalb sich diese Fassung schließlich durchgesetzt hat.[71]

Entscheidender jedoch als die Frage der Reihenfolge der drei Bitten ist die Tatsache, dass das Gebet Bruder Klausens «gewöhnlich Gebet» oder «täglich Gebet» war, das er «beständig» betete im Sinne der Aufforderung Jesu, «allezeit zu beten» (Lk 18,1; vgl. 1 Thess 5,17). Für solches Beten braucht es nur wenige, doch kräftige Worte. Das «gewöhnliche Gebet» ist ein solches Gebet. Es erfüllt die beiden Bedingungen, die nötig sind, «damit etwas religiöse Bedeutung gewinnt: Es muss einfach und wiederholbar sein.»[72] Das «tägliche Gebet» von Bruder Klaus prägte immer mehr sein Denken, Wollen und Handeln, ja sein ganzes Sein. Auch heute noch kann es «immer und überall, in allen Lebenssituationen, von Einfachen und Komplizierten, von Anfängern und Fortgeschrittenen, von Heiligen und Sündern gesprochen werden»[73].

Allerdings: Es ist ein radikales Gebet. Es geht bei ihm – wie etwa beim «Hingabe-Gebet» des Ignatius von Loyola[74] – um «alles» und um das «Ganze»: «nimm *alles* mir», «gib *alles* mir», «gib mich *ganz* zu eigen Dir». Es kann Angst machen, so zu beten. Es kann einen zögern, ja schaudern lassen, wenn man bedenkt, was man da sagt.[75] Wollen wir im Ernst, dass Gott ein solches Gebet erhört? Was wäre, wenn er uns «beim Wort nehmen» würde? Wenn es ihm gefallen sollte, auch bei uns «die reinigende Feile und den antreibenden Sporn» anzuwenden, «um seine Barmherzigkeit gegen uns vollzumachen»?

Bruder Klaus starb am 21. März 1487, nachdem er fast zwanzig Jahre im Ranft gelebt hatte. Über die näheren Umstände seines Todes wissen wir wenig. Die beiden in Frage kommenden Quellen widersprechen einander. Nach der 1493 gedruckten Weltchronik des Nürnbergers Hartmann Schedel starb Bruder Klaus «an Ermangelung der Kräfte, und seine betagte Seele wurde durch sanften Schlummer erlöst»[76]. Wölflin dagegen berichtet in seiner Biografie von 1501, dass Bruder Klaus erst nach qualvollem achttägigem Leiden – «auf den bloßen Boden ausgestreckt» – seine Seele aushauchte.[77]

Gemäß beiden Autoren geschahen auf Bruder Klausens Fürbitte hin nach seinem Tod «viele und verschiedenartige Wunder».[78] Einige von ihnen sind im «Kirchenbuch von Sachseln» festgehalten.[79] Das eigentliche Wunder aber war – er selber!

1591–1635
Friedrich Spee

«O Heiland, reiß die Himmel auf»

Im November 1617 wandte sich der damals 26-jährige Friedrich Spee mit einem Brief an den Generaloberen des Jesuitenordens in Rom. Darin schrieb er unter anderem:

«Schon lange, hochwürdigster Pater General, währt es (wenn ich zurückdenke, fast von meinen Kindertagen an), dass ein leidenschaftliches Feuer wie Kohle in mir brennt ... Nun kann ich nicht länger widerstehen: ich will mein Herz freilegen und den Grund aufdecken; denn was soll ich es weiter verbergen? INDIEN und jene fern gelegenen Länder haben mir, Pater, das Herz verwundet. ... Durch diese Wunde, kaum durch etwas anderes, wuchs in mir das Verlangen, dieser heiligen Gesellschaft beizutreten. Einstweilen habe ich geschwiegen, jedoch im Auge behalten, was ich immer erstrebte ... Wenn es für die Sache von Nutzen sein wird, schreibe ich dies auf Knien, Pater, und bitte inständig um der Liebe Christi Jesu willen um die Erlaubnis, dorthin zu gehen, wo mein Herz schon ist. Jedoch nur dann, wenn dies der Wille Gottes ist, nach dessen Erfüllung ich mich so innig brennend verzehre.»[1]

Verwundet von der Liebe Gottes

Die Bitte wurde Spee mit dem Hinweis auf wichtige Aufgaben des Ordens in Deutschland abgeschlagen. Uns bietet der Brief aber die erste und fast einzige Gelegenheit, dem Menschen Spee tiefer ins Herz zu blicken. Es war ein von Liebe verwundetes Herz: verwundet von der Liebe Gottes. Er erahnte sie in der Schönheit der Schöpfung, vor allem aber in Jesus Christus und seinem Dasein für uns bis in den Tod. Auf eine solche Liebe konnte auch er mit Herz, Seele und Verstand nur mit Liebe antworten. Sie ließ ihn zum Dichter werden und zum leidenschaftlichen Anwalt der Verfolgten. Sie zeigte sich in seiner Zärtlichkeit und in seinem Zorn. Sie bewog ihn auch, in die Gesellschaft Jesu einzutreten. In einem rastlosen Hin und Her ließ er sich hier ein Leben lang herumschicken und dort einsetzen, wo er am meisten gebraucht wurde: zur größeren Ehre Gottes und zur Sorge um den Menschen. In den zwölf Jahren seiner Seelsorgetätigkeit wirkte er an acht verschiedenen Orten!

Friedrich Spee wurde am 25. Februar 1591 als ältester Sohn des Burgvogts Peter Spee von Langenfeld und seiner Frau Mechthild in Kaiserswerth bei Düsseldorf geboren.[2] Die Eltern schickten ihn zur Ausbildung ans Jesuitengymnasium in Köln, vermutlich in der Absicht, ihm dadurch in der Nachfolge des Vaters eine politische Laufbahn zu ermöglichen. Nach der Gymnasialzeit studierte Spee zwei Jahre Rechtswissenschaften an der Kölner Universität, bis er sich mit neunzehn Jahren gegen den elterlichen Wunsch entschloss, in den Jesuitenorden einzutreten. Im Jahre 1610 begann er sein Noviziat in Trier, wo er neben der Einführung in das Ordensleben erste Erfahrungen in der Glaubensunterweisung der Jugend machte, die damals in der Zielsetzung des Jesuitenordens einen hohen Rang einnahm. Zugleich wurde er hier auch erstmals mit dem Unwesen der Hexenprozesse konfrontiert, die ihn von nun an nicht mehr in Ruhe lassen sollten.

Jesuitische Liedkatechese

Während des dreijährigen Philosophiestudiums in Würzburg (1612–1615) lernte Spee den begnadeten Katecheten P. Georg Vogler kennen, der es in hervorragender Weise verstand, die Kinder vor allem durch seine Katechismuslieder und -spiele für die Glaubensunterweisung zu begeistern. Zeigte man sich im Jesuitenorden anfangs gegenüber dem Einsatz von volkssprachlichen Liedern noch zurückhaltend, erkannte man doch bald die pädagogischen Möglichkeiten, die sie für die katechetische Unterweisung boten. Man hatte dabei auch die Erfolge im Blick, welche die Reformatoren bei der Verbreitung ihrer Lehre gerade mit Liedern hatten. So konnte der Jesuit Claudius Marchel im Jahre 1586 seinem Ordensgeneral mit Freude berichten: «Ich hatte mich mit nur wenigen Knaben vom Lande fast ein ganzes Jahr abgemüht, kaum das Vaterunser hatten sie gelernt. Jetzt prägen sie sich durch Singen das Glaubensbekenntnis und die Zehn Gebote in wenigen Stunden exakt ein.»[3]

Hier nun sah Spee seine Herausforderung. Während seiner Tätigkeit als Lehrer und Jugendseelsorger an den Jesuitengymnasien in Worms und Speyer (1615–1619) und neben seinem Theologiestudium in Mainz

(1619–1623) schuf er über hundert Lieder, die für den Gebrauch im Rahmen der Katechese, nicht des Gottesdienstes, gedacht waren. Es sind zum einen Lieder für verschiedene Zeiten und Feste des Kirchenjahres, zum andern solche, welche die christlichen Tugenden zum Inhalt haben. Die ersten erschienen 1621 und 1622, dem Jahr seiner Priesterweihe, anonym in zwei Liedbändchen in Würzburg.

In barocker Manier tragen diese Liederbücher kunstvolle, für heutiges Empfinden etwas blumige Titel. So lautet der Titel des zweiten: «Das Allerschönste Kind in der Welt». Mit diesem «allerschönsten Kind» ist Jesus gemeint. Das Bändchen umkreist die Ereignisse um die Geburt Jesu. Es enthält fünfundzwanzig Weihnachtslieder samt ihren Melodien. An seinem Anfang steht das berühmt gewordene Adventslied *«O Heiland, reiß die Himmel auf»*[4].

Spees anonyme geistliche Lieder bilden den Ursprung seiner Lyrik. Bei einigen handelt es sich um Neubearbeitungen älterer Texte oder um Nachdichtungen lateinischer Hymnen. Die meisten von ihnen sind aber Neuschöpfungen. Im Unterschied zu ähnlichen Liedern der Zeit zeichnen sie sich durch ihre damals vorbildlose poetische Qualität und inhaltliche Dichte aus. Schon ein Jahr nach ihrem Erscheinen wurden sie 1623 zusammen mit neuen Liedern Spees in das Liederbuch der Kölner Jesuiten «Auserlesene, Catholische, Geistliche Kirchengesäng»[5] übernommen. Sie fanden großen Anklang und wurden bald über die Konfessionsgrenzen hinaus im ganzen deutschen Sprachraum bekannt.

«Exerzitien im Alltag» – für Frauen

Nach Abschluss seiner theologischen Studien erhielt Spee die nächsten drei Jahre einen Lehrauftrag für Philosophie an der Universität Paderborn (1623–1626). Anschließend absolvierte er 1626/27 in Speyer das Tertiatsjahr, mit dem die Ausbildung als Jesuit ihren Abschluss fand. Darauf übernahm er für ein Jahr (1627/28) die Vertretung eines erkrankten Philosophielehrers im Kölner Jesuitenkolleg. Zudem wurde ihm hier die geistliche Begleitung einer Frauengemeinschaft übertragen, die den Jesuiten in der Glaubensunterweisung behilflich war und sich auch um die Bildung der Frauenjugend bemühte. Spee sah die Voraussetzung für ein fruchtbares Wirken dieser Gemeinschaft, die man als eine Vorwegnahme heutiger Säkularinstitute betrachten kann, in einem intensiven geistlichen Leben. So hielt er die Frauen an, täglich eine Viertelstunde der Meditation und dem Gebet zu widmen. Als Hilfe dafür reichte er ihnen jede Woche eine schriftliche Anleitung, die häufig mit einem von ihm verfassten Lied abschloss. Dazu kam das Angebot einer persönlichen geistlichen Begleitung durch ein wöchentliches Gespräch. Er nahm damit jene geistliche Praxis voraus, die heute unter dem Namen «Exerzitien im Alltag» weit verbreitet ist.

Aus diesen wöchentlichen Handreichungen wuchs ein geistliches Handbuch zusammen, dem Spee den Titel *«Güldenes Tugend-Buch»* gab.[6] Es erschien allerdings erst 1649, vierzehn Jahre nach seinem Tod. Aller Wahrscheinlichkeit nach war es das erste deutsche Andachtsbuch, das eigens für Frauen geschrieben wurde. Während andere ähnliche Erbauungsbücher der Zeit eine Vielzahl von Tugenden beschrieben und zur Übung empfahlen, konzentrierte sich Spee auf die so genannten drei göttlichen oder – wie er sie nannte – «güldenen» Tugenden des Glaubens, der Hoffnung und der Liebe. Beachtenswert ist zudem, dass er das vorherrschende männlich bestimmte Gottesbild dadurch ergänzte, dass er die Mütterlichkeit Gottes hervorhob und zu vorbehaltlosem Vertrauen diesem mütterlichen, barmherzigen Gott gegenüber einlud.

Nach dem Aufenthalt in Köln wurde Spee Ende 1628 in das Amt Peine bei Hildesheim versetzt, um die Bevölkerung dieses Gebietes zum katholischen Glauben zurückzuführen. Er geriet damit in die Zwänge des damals herrschenden Prinzips «Cuius regio eius et religio»: «Wer die Herrschaft in einem Gebiet besitzt, bestimmt auch die Religion.» Das 17. Jahrhundert kannte, zumindest für die einfachen Bürger, noch kein Recht auf Glaubens- und Gewissensfreiheit. Nachdem Spee seinen Auftrag im Wesentlichen erfüllt hatte, entging er am 28. April 1629 nur knapp einem Mordanschlag. Er erlitt dabei schwere Schädelverletzungen, von denen er sich erst nach Monaten erholte. Als Folge davon hatte er sein Leben lang unter starken Kopfschmerzen zu leiden.

Kampf gegen die Hexenprozesse

Gegen Ende des Jahres 1629 wurde Spee zum zweiten Mal nach Paderborn versetzt, nun als Professor der Moraltheologie. Hier kam es wegen seiner Einstellung in der Hexenfrage zu starken Spannungen mit den Ordensobern, so dass er mitten im Studienjahr 1630 seines Lehramts enthoben wurde. Als Beichtvater von Frauen, die der Hexerei angeklagt worden waren und die er während ihrer Prozesse betreut und auf dem Weg zum Feuertod begleitet hatte, war er zur Überzeugung gelangt, dass hier Unschuldige hingerichtet wurden und dass sie nur unter den Qualen der Folter eingestanden, angeblich einen Pakt mit dem Teufel geschlossen zu haben:

«Persönlich kann ich unter Eid bezeugen, dass ich jedenfalls bis jetzt noch keine verurteilte Hexe zum Scheiterhaufen geleitet habe, von der ich ... aus Überzeugung hätte sagen können, sie sei schuldig gewesen ... Gott weiß es, wie oft ich das in durchwachten Nächten überdacht habe und mir doch kein Mittel einfallen wollte, der Wucht der öffentlichen Meinung Einhalt zu gebieten ... Das Amt des Geistlichen ist (vergleichbar dem eines Wachhundes): mit seinem Bellen sogar die Könige zu erschrecken und sie aus dem Schlaf zu wecken, wenn in der Nacht Gefahr droht. Es gebührt mir nicht, unter denen zu sein, die der Prophet (Jes 56,10f.) ‹stumme Hunde› heißt, die nicht zu bellen wissen.»[7]

Als Christ und als Seelsorger fühlte sich Spee verpflichtet zu «bellen». So entschloss er sich, eine «Warnschrift», seine *«Cautio Criminalis oder Rechtliches Bedenken wegen der Hexenprozesse»*[8] zu verfassen. Darin wandte er sich vor allem an die Fürsten und die Behörden der Städte, die für die Durchführung der Hexenprozesse verantwortlich waren. Er prangerte die Praxis an, Menschen auf bloße, oft anonym erfolgte Verdächtigung hin einzukerkern und zu foltern. Er forderte für alle Angeklagten einen Verteidiger und vertrat die so genannte Unschuldsvermutung, nach der jemand so lange für unschuldig gelten muss, als seine Schuld nicht gerichtlich bewiesen ist. Ebenso verlangte er die Abschaffung der Folter. Manche dieser Forderungen, mit denen er sich selbst großer Gefahr aussetzte, wurden erst im Laufe des 19. Jahrhunderts Allgemeingut der Rechtsprechung.

Als die *«Cautio Criminalis»* 1631 anonym erschien, war sie in wenigen Wochen vergriffen. Bei den einen löste sie Bewunderung aus, bei den andern einen Sturm der Entrüstung. Im Orden und in weiteren kirchlichen Kreisen war man sich bald darüber im Klaren, dass Spee der Verfasser war. Der Ordensgeneral nahm ihn zunächst in Schutz. Als im folgenden Jahr aber eine zweite Auflage mit verschärfenden Ergänzungen Spees erschien, geriet der Orden unter politischen Druck, so dass auch der Generalobere ihn nicht mehr halten konnte. Er wies den Kölner Provinzial Goswin Nickel an, Spee zum freiwilligen Austritt aus dem Orden zu bewegen oder ihn andernfalls zu entlassen. Dieser mutige Mann, der später selbst der erste deutsche Ordensgeneral werden sollte, stellte sich jedoch auf die Seite Spees. Er zog ihn aus der Schusslinie, indem er ihn in das unmittelbare Kriegsgebiet jener Tage, nach Trier, versetzte. Nachdem hier die Kriegswirren verebbt waren, konnte Spee an der Trierer Universität wieder als Professor der Moraltheologie wirken. Zwei Jahre später wurde ihm sogar der Lehrstuhl für Exegese der Heiligen Schrift übertragen, was nach damaligem Brauch im Jesuitenorden einen Aufstieg bedeutete und damit einer Rehabilitierung gleichkam.

Poesie als Gotteslob

Neben seiner Lehrtätigkeit und der Aufgabe als Seelsorger der Spitäler und Gefängnisse vollendete Spee in den wenigen Jahren, die ihm noch vergönnt waren, sein dichterisches Hauptwerk, die *«Trutz-Nachtigall»*[9], eine Sammlung von einundfünfzig geistlichen Liedern und Gedichten. Sie wurde wie das *«Güldene Tugendbuch»* ebenfalls erst 1649 veröffentlicht und begründete Spees Ruhm als Barocklyriker.

Der Titel war Programm. Die Nachtigall, Sinnbild des Gesangs und zugleich des Dichters, erhebt ihre Stimme und singt allen andern Nachtigallen «zum Trotz», um sich mit ihnen im friedlichen Wettstreit zu messen.[10] Gemeint waren mit diesen Nachtigallen zum einen die Dichter weltlicher Liebeslyrik, denen Spee hier seine geistliche Dichtung gegenüberstellte. Zum andern dachte er dabei wohl an die «Wittenbergische

Nachtigall», das heißt an Martin Luther, dessen Liedern er nun seine ebenbürtigen katholischen an die Seite stellte. Schließlich wollte er mit seinen deutschsprachigen Gedichten den bislang höher eingeschätzten lateinischen und anderen fremdsprachigen Gedichten gegenüber den Beweis erbringen, dass man Gottes Lob ebenso kunstvoll in deutscher Sprache singen könne.

Die Lieder der *«Trutz-Nachtigall»*, an deren Form Spee lange und intensiv arbeitete, sind innig und zärtlich. Sie umkreisen die großen Themen des christlichen Glaubens. Eröffnet wird die Sammlung mit Liebesliedern der gottsuchenden Seele, der Braut Jesu. In ihnen nahm Spee ein altes Motiv der christlichen Liebesmystik auf. Es folgen Lieder von Vergänglichkeit, Busse und Trauer. Ihnen schließen sich Lieder vom Gotteslob an, in denen Spee Gottes Schöpfung liebevoll und bewundernd betrachtet. Den Schluss bilden Weihnachts-, Passions- und Osterlieder. In Form der antiken Schäferdichtung meditieren sie einfühlsam den Lebensweg Jesu, sein Leiden und seine Auferstehung. Einige dieser Lieder wie auch jener des *«Güldenen Tugend-Buches»* wurden später in die Kirchengesangbücher aufgenommen.

Früher Tod

Als Trier im März 1635 wieder Kriegsschauplatz wurde, nahm Spee sich als Seelsorger und Pfleger der Verwundeten und Kranken an. Von diesem Dienst ließ er sich auch nicht durch eine Seuche abhalten, die von den Soldaten eingeschleppt wurde und um deren Gefährlichkeit er wusste. In seinem *«Güldenen Tugend-Buch»* hatte er ja geschrieben, wahre Gottesliebe könne auch den Einsatz des Lebens bedeuten, wenn der Nächste in Gefahr sei. So wurde er selbst von der Seuche angesteckt und starb nach wenigen Tagen am 7. August 1635 im Alter von erst 44 Jahren. Wegen Ansteckungsgefahr bestattete man ihn noch am gleichen Tag in der Totengruft unter der Trierer Jesuitenkirche.

Adventlicher Schrei nach Erlösung

Dieses dramatische Leben und Wirken Friedrich Spees muss man vor Augen halten, um nun sein Adventslied *«O Heiland, reiß die Himmel auf»* richtig einordnen und in seiner Tiefe verstehen zu können. Es gehört neben dem Weihnachtslied *«Zu Betlehem geboren»* zu seinen bekanntesten Liedern und findet sich heute in allen Gesangbüchern der christlichen Kirchen des deutschen Sprachraumes. In diesem Lied «gibt nicht ein vom Glück Verwöhnter leichten Herzens optimistische Äußerungen von sich, in ihm spricht ein vom Leiden Heimgesuchter, im Herzen Verwundeter, von dem, was ihm in aller Not geholfen hat und was nach seiner Überzeugung auch anderen Leidenden helfen kann und soll»[11].

1. *O Heiland, reiß die Himmel auf;*
   herab, herab vom Himmel lauf.
   Reiß ab vom Himmel Tor und Tür,
   reiß ab, wo Schloss und Riegel für.

2. *O Gott, ein' Tau vom Himmel gieß;*
   im Tau herab, o Heiland, fließ.
   Ihr Wolken, brecht und regnet aus
   den König über Jakobs Haus.

3. *O Erd, schlag aus, schlag aus, o Erd,*
   dass Berg und Tal grün alles werd.
   O Erd, herfür dies Blümlein bring,
   o Heiland, aus der Erden spring.

4. *Wo bleibst du, Trost der ganzen Welt,*
darauf sie all ihr Hoffnung stellt?
O komm, ach komm vom höchsten Saal,
komm, tröst uns hier im Jammertal.

5. *O klare Sonn, du schöner Stern,*
dich wollten wir anschauen gern.
O Sonn, geh auf, ohn deinen Schein
in Finsternis wir alle sein.

6. *Hier leiden wir die größte Not,*
vor Augen steht der ewig Tod.
Ach komm, führ uns mit starker Hand
vom Elend zu dem Vaterland.

Wie bereits festgestellt, hat Friedrich Spee das Lied ursprünglich für den Gebrauch in der Katechese gedichtet. In einer Vorbemerkung dazu schrieb er, in diesem Lied sollten die jungen Menschen lernen, «wie heftig die Heylige Patriarchen und Propheten nach Christo verlangt: was Isaias davon propheceyet: was im Alten Testament durch Figuren davon vorgebildt: und was den Heyden vil 100 Jahr zuvor davon offenbaret worden.»[12]

Thema ist also das sehnsuchtsvolle Warten auf Erlösung. Es findet seinen Ausdruck in den leidenschaftlichen Affekten des Liedes.[13] Diese Darstellung der Affekte ist ein typisches Merkmal des Barocks und bedeutet in der Entwicklung des deutschen Kirchenliedes etwas Neues. Bisher war es nicht üblich, dass der Mensch seine Empfindungen in so ausgeprägter Form ins geistliche Lied einbrachte. Nun aber begnügte man sich nicht mehr damit, die Heilsereignisse bloß zu besingen, sondern man sprach auch die Gefühle aus, die sie in einem weckten oder erst noch wecken sollten.

So bedient sich Spee in seinem Adventslied vor allem solcher sprachlicher Mittel, die den Affekt der Sehnsucht wirkungsvoll auszudrücken vermögen. Da sind einmal die vielen O und Ach, die an die O-Antiphonen der letzten Woche vor Weihnachten erinnern und als Stöhn- und

Klagelaute eine Atmosphäre schmerzlicher Entbehrung heraufbeschwören: «O Heiland»; «O Gott»; «O Erd» usw. Sie leiten Ausrufungs- und Wunschsätze ein, die lauter aktive Verben enthalten, die zudem noch achtzehnmal im Imperativ stehen:

- «reiß auf, reiß ab, lauf»
- «gieß, fließ, brecht, regnet aus»
- «schlag aus, grün werd, herfür bring, spring»
- «komm, tröst, geh auf»

Das Drängende der Situation und der durch sie ausgelösten Spannung wird in der zweiten Hälfte des Liedes noch durch das harte Aufeinanderprallen gegensätzlicher Bilder und Begriffe verstärkt:

- «höchster Saal – Jammertal»
- «klare Sonn, schöner Stern – Finsternis»
- «Elend – Vaterland»

Kunstvolles Gewebe biblischer Motive

Die Bilder und Motive des Liedes entnahm Spee der Bibel, vor allem dem Buch Jesaja. Dabei ging er nicht von einzelnen Bibelzitaten aus, sondern er wiederholte «in gewisser Weise das Verfahren der Liturgie, aus Texten unterschiedlicher Herkunft und Gattung eine poetische Einheit zu schaffen», «die vielen Einzelstimmen zu einem Gesamtklang zusammenzuführen»[14]. Vergleicht man das Lied mit den liturgischen Büchern der Zeit, fällt auf, dass alle seine biblischen Schlüsseltexte auch in der damaligen Adventsliturgie vorkamen. Spee war ein Mensch, der mit der Liturgie der Kirche lebte. So tat er in seinem Adventslied eigentlich nichts anderes, als Texte zu einem dichterischen Ganzen umzusetzen, die ihn alltäglich umgaben.[15]

Als das biblische Grundmotiv, um das herum sich das ganze Lied aufbaut, sind wohl die Anfangsverse der zweiten Strophe zu betrachten: «O Gott, ein' Tau vom Himmel gieß; im Tau herab, o Heiland, fließ.» Es ist die deutsche Übersetzung des berühmten «Rorate caeli», von dem unsere

Roratemessen ihren Namen herleiten. Und dieses ist wiederum die lateinische Wiedergabe von Jesaja 45,8: «Taut, ihr Himmel, von oben, ihr Wolken, lasst Gerechtigkeit regnen! Die Erde tue sich auf und bringe das Heil hervor, sie lasse Gerechtigkeit sprießen. Ich, der Herr, will es vollbringen.»

Jesaja bezieht sich an dieser Stelle wohl auf einen alten kananäischen Fruchtbarkeitsmythos, wonach Vater Himmel mit seinem Regen bzw. «Tau» Mutter Erde befruchtet und so neues Leben hervorbringt.[16] Was Jesaja aber hier erwartet, ist keine bloße Fruchtbarkeit der Natur. Diese dient ihm vielmehr als Bild für die Gabe eines umfassenden Heils, das die naturhafte wie die menschlich-soziale Dimension einschließt; das nicht nur Wohlstand meint, sondern auch Wohlverhalten der Einzelnen wie der Völker, kurz: «Gerechtigkeit».[17] Diese aber ist kein «Naturprodukt», keine Hervorbringung bloß naturhafter Kräfte und Elemente. Sie setzt vielmehr eine Macht voraus, die fähig ist, Menschen von innen her umzuwandeln und zu heilen. Diese Macht ist Gott selber, der «Heiland».

Es ist aufschlussreich, in diesem Zusammenhang festzustellen, dass die lateinische Bibelübersetzung, welche als die offiziell kirchliche auch der alten Liturgie zu Grunde lag, die sachlichen Begriffe «Gerechtigkeit» und «Heil» des ursprünglichen Jesajatextes personalisierte zu «der Gerechte» und «der Heiland»: «Rorate, caeli, desuper, et nubes pluant *iustum;* aperiatur terra et germinet *Salvatorem.*» – «Tauet, ihr Himmel, von oben! Ihr Wolken, regnet herab *den Gerechten!* Tu dich auf, o Erde, und sprosse *den Heiland* hervor!»

In dieser Fassung lernte auch Spee den Jesajatext kennen. Und so formulierte er in seinem Adventslied folgerichtig nicht, der Himmel möge *Gerechtigkeit* regnen lassen und die Erde *Heil* hervorbringen, sondern er flehte: «im Tau herab, o *Heiland* fließ» (zweite Strophe), und: «o *Heiland,* aus der Erden spring» (dritte Strophe). Oder mit dem Bild der ersten Strophe ausgedrückt: Der Heiland möge den verschlossenen und verriegelten Himmel doch endlich «aufreißen» und sich schleunigst den Menschen zuwenden, auf sie «zulaufen», um mit dem «Tau» seines Geistes ihre verhärteten Herzen aufzubrechen. Dann wird die Erde wieder zu «grünen» beginnen (dritte Strophe) und jene Gerechtigkeit «sprießen» lassen, von der Jesaja sprach.

Auf das Kommen dieses «Heilands» hatte Israel jahrhundertelang gehofft. Ihn hatte es unter den vielen Bildern erwartet, die auch in Spees Adventslied anklingen: als «König über Jakobs Haus» (Lk 1,33); als Blümlein, das aus der Erde hervorspringt – eine Anspielung auf das Reis aus der Wurzel Jesse (Jes 11,1); als den «Stern, der in Jakob aufgeht» (Num 24,17) und dessen helles Licht im Finstern leuchtet. (Jes 9,2)

Den Himmel öffnen

Für Spee und die Menschen, für die er sein Adventslied dichtete, ist dieser «Heiland» keine noch ausstehende, unbekannte Größe mehr. Er hat vielmehr einen nennbaren Namen und ein vertrautes Gesicht: den Namen und das Gesicht des Jesus von Nazaret. In ihm – so bekennt christlicher Glaube – ist «die Güte und Menschenfreundlichkeit Gottes, unseres Retters (Heilands) erschienen». (Tit 3,4)

Der Retter ist erschienen. Aber: Ist er auch angekommen? Hat er wirklich Einlass gefunden in dieser Welt? Oder gilt vielleicht nicht nur für die Zeit Jesu, sondern auch für spätere Zeiten die schmerzliche Feststellung des Johannesprologs: «Er kam in sein Eigentum, aber die Seinen nahmen ihn nicht auf.» (Joh 1,11) Sein tiefer Christusglaube hat Friedrich Spee jedenfalls nicht blind gemacht für den wirklichen Zustand der real existierenden Christenheit seiner Zeit. Die bedrängende Frage der vierten Strophe: «Wo bleibst du, Trost der ganzen Welt, darauf sie all ihr Hoffnung stellt?», mit der anschließenden Bitte «tröst uns hier im Jammertal» macht deutlich, dass er spätestens vom zweiten Teil seines Liedes an nicht mehr nur «vorchristliche» Zeiten im Blick hatte, sondern auch seine eigene unheile Gegenwart. Zu schmerzlich musste er angesichts der Kriegsgräuel und des Hexenwahns seiner Zeit die Erfahrung einer Christenheit machen, die offenbar «nicht mehr ganz bei Trost war» und gelegentlich «von allen guten Geistern verlassen» schien.

So nimmt sein Adventslied in den letzten Strophen einen immer leidenschaftlicheren Charakter an. Spee spricht Gott nun direkt an: «Wo bleibst *du*, Trost der ganzen Welt?» Sein Ton ist bald ungeduldig drängend: «O komm, ach komm, komm»; bald zärtlich werbend: «O klare Sonn, du schöner Stern, dich wollten wir anschauen gern»; schließlich beschwörend: «Ohn deinen Schein in Finsternis wir alle sein.» Seine äußerste Zuspitzung erfährt das Lied aber in der letzten Strophe durch den geballten Einsatz der drei dramatischen Bilder «größte Not», «ewig Tod», «Elend». Dieses «Elend» schrie Spee entgegen aus den Spitälern und Kriegslazaretten, den Gefängniszellen und Scheiterhaufen seiner Zeit. Hier harrte er bis zuletzt bei Menschen aus, die von allen, scheinbar auch von Gott, verlassen waren, um ihnen in ihrer «größten Not» nahe zu sein und so den verschlossenen Himmel – und sei es vielleicht auch nur einen Spaltbreit und nur für einen kurzen Augenblick – zu öffnen.

Mögen wir von solchem Elend, wie Spee es erleben musste, selber auch verschont bleiben, so fremd ist das, was das Wort «Elend» von seiner mittelhochdeutschen Ursprungsbedeutung her meint – Ausland, Fremde, Verbannung, Exil –, wohl auch uns nicht. Auch uns kann gelegentlich die Ahnung überkommen, dass wir, wie Heinrich Böll es in einem Gespräch einmal formuliert hat, «hier auf der Erde nicht zu Hause sind, nicht ganz zu Hause sind. Dass wir also noch woanders hingehören und von woanders herkommen. Ich kann mir keinen Menschen vorstellen, der sich nicht – jedenfalls zeitweise, stundenweise, tageweise oder auch nur augenblicksweise – klar darüber wird, dass er nicht ganz auf diese Erde gehört.»[18] So mag sich auch aus unserem Innern gelegentlich der adventliche Bittruf zum Himmel erheben: «Ach komm, führ uns mit starker Hand, vom Elend zu dem Vaterland.»

1623–1662
Blaise Pascal

«Seit ungefähr halb elf Uhr abends – Feuer»

«Warum vergisst man starke Augenblicke so leicht, als wären sie nie gewesen? Es ist keine Zeitverschwendung, sie aufzuschreiben.» Diese Sätze finden sich in Frère Roger Schutz' Tagebuch «Aufbruch ins Ungeahnte».[1] In der Tat laufen wir Gefahr, auch Erlebnisse, die uns tief getroffen haben, seien es frohe oder schmerzliche, im Trubel des Alltags bald wieder zu vergessen. Darum wusste auch der große Mathematiker, Physiker und Philosoph Blaise Pascal. Um dieser Gefahr zu wehren, griff er zu einem außergewöhnlichen Mittel. Von diesem erfuhr die Mitwelt allerdings erst nach seinem Tod, wie dem folgenden Bericht zu entnehmen ist.

Ein unerwarteter Fund

«Wenige Tage nach dem Tod des Herrn Pascal merkte ein Diener des Hauses zufällig, dass im Rockfutter des erlauchten Toten etwas steckte, das dicker schien als das übrige. Er trennte die Stelle auf, um zu sehen, was es sei, und fand darin ein kleines Pergament, gefaltet und von Herrn Pascals Hand beschrieben; und in diesem Pergament ein von der gleichen Hand beschriebenes Papier. Dieses eine getreue Abschrift von jenem. Die beiden Stücke wurden sofort Frau Périer (seiner Schwester) übergeben. Sie ließ einige seiner besonderen Freunde Einsicht nehmen. Alle kamen überein, dass dieses Pergament, mit solcher Sorgfalt und mit so bemerkenswerter Schriftführung beschrieben, eine Art von Denkschrift darstelle, die er sehr sorgfältig bewahrte, um das Gedächtnis an etwas wachzuhalten, das er alle Zeit seinen Augen und seinem Geiste gegenwärtig wissen wollte, hatte er sich doch seit acht Jahren die Mühe genommen, es einzunähen und herauszunehmen, so oft er neue Kleider machen liess.»[2] Was war dieses «Etwas», das Pascal für immer in seinem Gedächtnis festhalten wollte? Was ging ihm voraus, und welche Folgen hatte es für sein weiteres Leben und Wirken?

Das frühreife Genie

Blaise Pascal wurde am 19. Juni 1623 in Clermont-Ferrand geboren.[3] Er entstammte einer wohlhabenden, zum Beamtenadel gehörenden Familie. Sein Vater war Präsident des Steuergerichtshofs der Provinz Auvergne. Blaise hatte zwei Schwestern: die drei Jahre ältere Gilberte, die später seine Nachlassverwalterin und erste Biografin wurde, und die zwei Jahre jüngere Jacqueline. Von deren Geburt erholte sich die Mutter nicht, so dass Blaise mit drei Jahren Halbwaise wurde. Als er acht Jahre alt war, zog der Vater mit der Familie nach Paris, um der Enge der Provinz zu entgehen und den Kindern bessere Entfaltungsmöglichkeiten zu schaffen. In Paris fand er Zutritt zu namhaften Gelehrten- und Literatenkreisen. An deren Diskussionen durfte auch der junge Blaise teilnehmen, dessen mathematisches Genie schon früh erkannt wurde. Erst sechzehnjährig verfasste er eine Abhandlung über die Kegelschnitte, die großes Aufsehen erregte.

Im Jahre 1640 wurde der Vater zum königlichen Kommissar und obersten Steuereinnehmer für die Normandie nach Rouen entsandt. Der Wunsch, ihm die langwierigen Steuerberechnungen zu erleichtern, veranlasste Blaise zur Konstruktion einer der ersten funktionsfähigen Rechenmaschinen. Die zweijährige, intensive Arbeit an dieser Maschine überanstrengte seine ohnehin labile Gesundheit derart, dass er später äußerte, «seit seinem achtzehnten Lebensjahr hätte er keinen Tag mehr ohne Schmerzen verbracht»[4].

«Erste Bekehrung»

Gegen Ende 1646 kam Blaise Pascal durch zwei Ärzte, die seinen Vater nach einem Unfall betreuten, erstmals in Kontakt mit dem Jansenismus, einer strengen theologisch-moralischen Reformbewegung, die vom belgischen Bischof Cornelius Jansen (gest. 1638) ausgegangen war. Mit Berufung auf den älteren Augustinus vertrat dieser ein pessimistisches Menschenbild.[5] Der Mensch sei durch die Erbsünde in seiner Natur derart verdorben, dass sein Wille unwiderstehlich von der bösen Begierlichkeit beherrscht werde. Nur Gottes ebenfalls unwiderstehliche Gnade vermöge diesen Zustand zu überwinden. Dem Menschen bleibe bloß, sich dieser Gnade rückhaltlos auszuliefern und ihr, in einem Leben radikaler Selbstentäußerung, Demut und Entsagung zu entsprechen. Geistliches Zentrum der jansenistischen Bewegung in Frankreich wurde das Kloster Port-Royal vor den Toren von Paris.

Blaise Pascal hatte zu dieser Zeit eine schwere Krankheit zu überstehen und war zeitweilig fast gelähmt. Dies machte ihn für den jansenistischen Einfluss besonders empfänglich. Er deutete seine Krankheit als Zeichen Gottes und gelangte zur Überzeugung, «dass uns die christliche Religion verpflichtet, nur für Gott zu leben und kein anderes Ziel als ihn zu haben»[6]. Man spricht in diesem Zusammenhang von Pascals «erster Bekehrung». Diese blieb allerdings Episode und führte zu keiner tiefgreifenden Umorientierung seines Lebens. Nach wie vor beanspruchten mathematische und physikalische Untersuchungen seine Arbeitskraft und blieben Ziel seines starken Ehrgeizes.

«Die am schlechtesten genutzte Zeit seines Lebens»

Im Herbst 1647 zog Blaise Pascal nach Paris, um dem Zentrum des geistigen Lebens seiner Zeit nahe zu sein. Zudem rieten ihm die Ärzte, sich zur Wiederherstellung seiner Gesundheit der Welt und ihren Ablenkungen zuzuwenden. Pascal fand Gefallen am gesellschaftlichen Leben und verkehrte in höchsten Kreisen. In ihren Salons lernte er die höfische und freigeistige Welt mit ihren vielfältigen Formen der Zerstreuung kennen. Es war, wie seine Schwester Gilberte mit Bedauern feststellt, «die am schlechtesten genutzte Zeit seines Lebens»[7]. Doch sie eröffnete ihm Dimensionen, die ihm beim Studium der abstrakten Wissenschaften bisher noch nicht aufgegangen waren. Er entdeckte die Wirklichkeit des Menschen mit seinen Höhen und Tiefen, seiner Größe und seinem Elend. Er erkannte, dass diese Wirklichkeit wesentlich anders ist als jene der bloßen Körperwelt; dass sie nicht mit dem «esprit de géometrie», dem berechnenden «Geist der Geometrie» erfasst werden kann, sondern einer anderen, intuitiv-ganzheitlichen Erkenntnishaltung bedarf. Für sie schuf er die berühmten Begriffe des «esprit de finesse», des «Feinsinnes» oder Feingefühls für das Menschlich-Konkrete, das sich nicht rational auflösen lässt, und den Begriff des «cœur», des «Herzens». Darunter verstand er kein irrationales Fühlen, sondern jenes Organ ganzheitlicher Erfassung, wodurch der Mensch die Wirklichkeit intuitiv erspürt und existentiell aneignet.

Radikale Krise

Die Zeit, während welcher Pascal ein mondänes Leben führte, dauerte nicht lange. Seit er in Paris war, hatte sich vieles zugetragen. Im Herbst 1651 starb sein Vater, und 1652 trat seine jüngere Schwester Jacqueline, der er sich auch geistig sehr verbunden fühlte, als Nonne in das Kloster Port-Royal ein. Immer mehr überkam Pascal ein Gefühl der inneren Leere und des Überdrusses. Er begann, sich von der Welt zurückzuziehen sowie auf alle Annehmlichkeiten und alles Überflüssige zu verzichten. Er beschloss, wie seine Schwester Gilberte berichtet, «fortan auf die Hilfe der Diener so weitgehend wie möglich zu verzichten ... Er machte sich sein Bett selbst, holte seine Mahlzeiten aus der Küche, brachte sein Geschirr zurück und beanspruchte die Dienste seiner Leute schließlich nur noch für die Dinge, die er überhaupt nicht selbst ausführen konnte.»[8]

Wie wenig jedoch Pascals geistige Existenz in sich gefestigt war, zeigte sich unter anderem darin, dass er weiterhin Kontakt mit Kreisen des Hochadels unterhielt, wenn auch mit schlechtem Gewissen. Er fühlte, dass es Höheres, Göttliches gibt, das in seinem Leben zur Geltung drängte. In der kleinen Aufzeichnung «Die Bekehrung des Sünders», die zweifellos eigene Erfahrungen wiedergibt, schrieb er: «Das erste, was Gott der Seele eingibt, die er in seiner Güte wahrhaft rühren will, sind ein Wissen und eine ganz außerordentliche Erkenntnis, die bewirken, dass die Seele die Dinge und sich selbst auf eine vollkommen neue Weise betrachtet. Diese neuartige Einsicht lässt sie in Angst geraten und stürzt sie in eine solche Verwirrung, dass die Ruhe zunichte gemacht wird, die sie bei den Dingen fand, an denen sie ihre Wonne hatte.»[9]

Das Alte, Vertraute war fraglich geworden, und das Neue, das sich ankündigte, war noch nicht deutlich und wirklich genug, dass es gegen jenes hätte aufkommen können. So begann für Pascal ein qualvolles Ringen und Suchen, das ihn in eine radikale Krise stürzte. Ihren Höhepunkt und ihre unerwartete Lösung zugleich fand sie in jenem entscheidenden Ereignis, das er für immer seinem Geist gegenwärtig halten wollte und das er in jenem Dokument festhielt, von dem zu Beginn die Rede war, dem

«Mémorial»

«Im Jahre des Heils 1654.
Montag, 23. November, Tag des heiligen Klemens, des Papstes und Märtyrers, und anderer im Martyrologium.
Vigil des heiligen Chrysogonus, des Märtyrers, und anderer.
Seit ungefähr halb elf Uhr abends bis ungefähr eine halbe Stunde nach Mitternacht.
FEUER.
Der Gott Abrahams, der Gott Isaaks und der Gott Jakobs (Ex 3,6),
nicht der Philosophen und der Gelehrten.
Gewissheit, Gewissheit, Empfinden, Freude, Frieden.
Der Gott Jesu Christi.
Deum meum et Deum vestrum (Joh 20,17).
(Meinen Gott und euren Gott)
Dein Gott ist mein Gott (Rut 1,16).
Vergessen der Welt und aller Dinge, nur Gottes nicht.
Er ist allein auf den Wegen zu finden, die im Evangelium gelehrt werden.
Größe der menschlichen Seele.
Gerechter Vater, die Welt kennt dich nicht; ich aber kenne dich. (Joh 17,25)
Freude, Freude, Freude, Tränen der Freude.
Ich habe mich von ihm getrennt.
Dereliquerunt me fontem aquae vivae.
(Sie haben mich, die Quelle lebendigen Wassers, verlassen)
Mein Gott, wirst Du mich verlassen?

Möge ich nicht auf ewig von ihm getrennt sein.
Das ist aber das ewige Leben, dass sie Dich, der Du allein wahrer Gott bist,
und den Du gesandt hast, Jesus Christus, erkennen. (Joh 17,3)
Jesus Christus.
Jesus Christus.
Ich habe mich von ihm getrennt, ich habe mich ihm entzogen,
habe ihn verleugnet und gekreuzigt.
Möge ich niemals von ihm getrennt sein.
Er ist allein auf den Wegen zu bewahren, die im Evangelium gelehrt werden.
Vollkommene und innige Entsagung.
Vollkommene Unterwerfung unter Jesus Christus
und meinen geistlichen Berater.
Ewige Freude für einen Tag der Mühe auf Erden.
Non obliviscar sermones tuos. Amen.»[10]
(Ich will Deine Worte nicht vergessen)

Feuer um Mitternacht

Wir haben es hier mit einem religionsgeschichtlichen Dokument von einzigartiger Intensität zu tun. Alles in ihm zittert noch vor Erregung. Was Pascal widerfahren ist, muss so überwältigend gewesen sein, dass er mit noch fiebernder Hand versucht hat, es festzuhalten. Was uns auf diesem Papier begegnet, «sind hingeschleuderte Satzfetzen, Schriftzitate, Ausrufe, sich steigernde Wiederholungen, Bitten, Gelübde»[11]. Daran ändert auch die Tatsache nichts, dass Pascal den Text nachträglich mit Ergänzungen und Korrekturen versehen hat.

Das Erste, was bei einer genaueren Analyse dieses Dokuments auffällt, ist die Betonung der Geschichtlichkeit. Der Text beginnt mit einer genauen Datierung: Jahr, Tag, ja selbst die Stunde wird angegeben. Was hier bezeugt wird, ist «kein ortloses Gefühl, keine verschwebende Ahnung, keine unverbindliche abstrakte Einsicht, die zu jeder Zeit erfolgt sein könnte»[12], sondern der zeitlich genau datierbare Einbruch Gottes in das Leben eines Menschen.

Die erste Zeile besteht aus einem einzigen, mit Großbuchstaben geschriebenen Wort, das zudem noch in der Mitte steht: «FEUER». «Pascal hat im Feuer gestanden.»[13] Er hat die Gegenwart Gottes erfahren. Man wird an die Gotteserscheinung vor Mose im brennenden Dornbusch erinnert (Ex 3,4) oder an die pfingstliche Herabkunft des Heiligen Geistes auf die Apostel in «Zungen wie von Feuer» (Apg 2,3).

Was Pascal von diesem göttlichen Feuer als Erstes empfängt, ist «Gewissheit». Gleich zweimal nacheinander erscheint das Wort. Diese Gewissheit beschränkt sich nicht auf den Intellekt, sondern sie rührt an die tiefsten Schichten seiner Existenz: «Gewissheit, Gewissheit, Empfinden, Freude, Frieden.» Einige Zeilen später doppelt er nach: «Freude, Freude, Freude, Tränen der Freude.» Das alles hat er bisher nicht gekannt. Bisher hat er mit Begriffen über Gott nachgedacht, aber er ist nicht an Wirklichkeit gestoßen. Nun steht er, der für alles Erkennen Erfahrung fordert, «der die Wirklichkeit der Natur in Experiment und Rechnung, die Wirklichkeit des Menschen in Analyse und Beobachtung gefasst hat»[14] – er steht nun vor der «Wirklichkeit der Wirklichkeiten»[15].

Ergriffen vom lebendigen Gott

Es ist der lebendige Gott, dem er begegnet ist, «der Gott Abrahams, der Gott Isaaks und der Gott Jakobs» (Ex 3,6), der «Gott Jesu Christi», «nicht der Philosophen und der Gelehrten». Dieser Gott ist nicht ein abstraktes Absolutes, das gleichsam in seine Absolutheit eingeschlossen ist, sondern er tritt frei in die Geschichte. Will man von ihm richtig reden, muss man es so tun, wie die Bibel es tut: dass er kommt, handelt, spricht. Dieser Gott «gelangt nur zur Gegebenheit, wenn er sich gibt. Er kann nur erblickt werden, wenn er entgegentritt. Über ihn kann nur geredet werden, wenn er anredet.»[16] Oder mit den Worten des «Mémorial» ausgedrückt: «Er wird nur auf den Wegen gefunden, die das Evangelium lehrt.»

Die Gegenwart dieses Gottes erfahren zu dürfen, von ihm angesprochen und in Anspruch genommen zu werden, darin geht Pascal staunend die «Größe der menschlichen Seele» auf. Zugleich wird er sich aber auch der eigenen Sündhaftigkeit bewusst: dass er sich von Gott, «dem Quell des lebendigen Wassers» (Jer 2,13) getrennt hat, dass er vor ihm geflohen ist, ihn verleugnet hat. So kommt ihm die angstvolle Frage: «Mein Gott, wirst du mich verlassen?» (Mt 27,46), gefolgt von der flehentlichen Bitte: «Möge ich nicht ewig von ihm getrennt werden.» Gerade in der Stunde der Gnade wird ihm bewusst, dass diese nie fester Besitz ist, sondern auch vertan werden kann. Am sichersten wird sie bewahrt «auf den Wegen, die im Evangelium gelehrt sind»: in einem Leben «vollkommener und inniger Entsagung» in der Nachfolge Jesu Christi.

Ein leidenschaftlicher Kämpfer

Nach dieser Nacht der Gottesbegegnung, über die er zeitlebens zu niemandem gesprochen hat, konzentrierte sich Pascal «auf einen konsequent religiös motivierten Weg»[17]. Ab Januar 1655 zog er immer wieder für einige Zeit nach Port-Royal. Er wohnte als «Solitaire», als Einsiedler bei den «Herren von Port-Royal», adeligen Männern, die sich für eine längere oder kürzere Zeit zurückzogen, um sich dem Gebet und der Schriftmeditation sowie dem Unterricht für eine ausgewählte Zahl von Schülern zu widmen. Trotz aller asketischen Anstrengungen brach Pascal seine Verbindung zur Welt jedoch nie ganz ab. Er arbeitete weiterhin wissenschaftlich und beteiligte sich bis in sein Todesjahr an unternehmerischen Tätigkeiten.

Pascal passt in kein stilisiertes Bild. Auch nach seiner Bekehrung blieb er eine «gespannte Existenz»[18]. «Er war ein Mensch voll von Leidenschaften und ein leidenschaftlicher Kämpfer gegen seine eigene Leidenschaftlichkeit.»[19] So konnte er einerseits seine wissenschaftlichen Entdeckungen «als heftiger Polemiker»[20] und mit großer Selbstsicherheit verteidigen. Der gleiche «Dämon der Polemik»[21] packte ihn auch bei der Abfassung seiner achtzehn berühmten, anonym veröffentlichten «Lettres Provinciales – Briefe in die Provinz», in denen er im Streit um die Gnadenlehre die jansenistische Position Port-Royals auf scharfzüngig-ironische Weise gegenüber ihren Gegnern, den Jesuiten, verteidigte.

Andererseits – so berichtet seine Schwester Gilberte – brachte ihn die Bekämpfung der Eigenliebe auf den Gedanken, «sich einen ganz mit Stacheln besetzten Eisengürtel zu verschaffen und ihn sich jedesmal auf das nackte Fleisch zu legen, wenn man ihm meldete, dass ihn einige Herren zu sprechen wünschten. Das führte er aus, und sobald in ihm ein selbstgefälliger Geist erwachte oder er Freude am Gespräch empfand, versetzte er sich Stöße mit dem Ellbogen, um die Heftigkeit der Stiche zu steigern und sich hierdurch wieder an seine Pflicht zu erinnern ... Doch er hielt das alles so geheim, dass wir überhaupt nichts davon wussten, und wir haben es erst nach seinem Tod erfahren.»[22]

Seit 1657 verfolgte Pascal den Plan einer breit angelegten Verteidigungsschrift des christlichen Glaubens gegen die freigeistige, skeptische Welt der Gebildeten seiner Zeit. Bestärkt wurde er darin nicht zuletzt durch ein Wunder, das seiner Nichte Marguerite Périer, die in Port-Royal erzogen wurde, widerfuhr. Am 24. März 1656 wurde sie durch die Berührung mit einem Dorn aus der Krone Jesu, der im Kloster verehrt wurde, von einer eitrigen Fistel am rechten Auge geheilt. Die Gemeinschaft von Port-Royal und Pascal selber begriffen dieses Wunder als himmlische Bestätigung ihrer besonderen Begnadung und Sendung. Es bestärkte Pascal in seinem Vorhaben der Apologie. Den Plan dazu legte er seinen geistlichen Freunden am 19. Oktober 1658 vor. Er konnte ihn jedoch nicht zu Ende führen, da er im Februar 1659 von einer letzten, tödlichen Krankheit befallen wurde. Er geriet in einen andauernden Zustand der Entkräftung, der jedes regelmäßige Arbeiten unmöglich machte. In dieser Zeit schrieb er sein ergreifendes «Gebet zu Gott um den rechten Gebrauch der Krankheiten»[23]. Trotz des rapiden Verfalls der Kräfte blieb er jedoch immer noch geistig produktiv.

In der Gesellschaft der Armen

Über den geistlichen Anliegen vergaß Pascal nicht die weltlichen. In den letzten Jahren und Monaten seines Lebens bekümmerte ihn vorab das Los der Armen und Kranken. Daraus reifte nicht nur der Entschluss, seinen ganzen Besitz, sogar die Bibliothek bis auf die Bibel und die Schriften

Augustins, zu verkaufen und den Erlös den Armen zukommen zu lassen. Dazu gehörte auch der ungewöhnliche Plan, in Paris einen öffentlichen Omnibusbetrieb mit festem Fahrplan und zu minimalen Taxen zu gründen. Er sollte Minderbemittelten eine erschwingliche Beförderungsmöglichkeit verschaffen. Die Initiative führte zum Ziel. Fünf Monate vor seinem Tod wurde der Betrieb eröffnet.

Inzwischen hatte sich Pascals Gesundheitszustand – nicht zuletzt auch infolge seiner rücksichtslosen Bußübungen – derart verschlimmert, dass er sich zur Wohnung seiner Schwester Gilberte bringen ließ. Bereits dem Tode nahe verlangte er nach der heiligen Kommunion. Die Ärzte jedoch widersetzten sich dem, «weil sie ihn nicht für krank genug hielten, um die Kommunion als Viatikum – als letzte Wegzehrung – zu empfangen»[24]. Weil Pascal befürchtete, ohne die Gnade des Sakramentes sterben zu müssen, bat er seine Schwester: «Da man mir diese Gnade nicht gewähren will, möchte ich sie durch ein gutes Werk ersetzen, und weil ich nicht im Haupt – d. h. in Christus – kommunizieren kann, möchte ich gern in den Gliedern kommunizieren; und hierfür habe ich daran gedacht, hier im Haus einen armen Kranken zu haben, dem man die gleichen Dienste wie mir erweist.»[25] Als er sah, dass dies nicht möglich war, bat er, «dass man ihn ins Hospital für unheilbar Kranke schaffen sollte, denn er hatte ein großes Verlangen, in der Gesellschaft der Armen zu sterben»[26]. Dazu kam es nicht mehr. Sein Zustand war nun so bedrohlich, dass man ihm endlich die ersehnten Sterbesakramente gewährte. «Möge Gott mich nie verlassen!»[27] waren seine letzten Worte. Er starb am 19. August 1662 um 1 Uhr in der Nacht im Alter von erst neununddreißig Jahren.

Die «Pensées» – Bruchstücke einer Apologie

Nach Pascals Tod entdeckte man nicht nur seine berühmte Denkschrift, das «Mémorial». In seinem Nachlass fand sich auch ein Haufen ungeordneter Papiere, die mit flüchtig hingeworfenen Notizen bedeckt waren. Es handelte sich um 993 Fragmente, deren Mehrzahl eindeutig zu jener Apologie des christlichen Glaubens gehörte, an der Pascal in seinen letzten Lebensjahren gearbeitet hatte. 382 dieser Fragmente hatte er noch selber in eine vorläufige Ordnung gebracht, indem er sie in 27 kleine Aktenbündel zusammenfasste und mit Überschriften versah. Der größte Teil aber blieb ungeordnet. Pascals Familie und seine Freunde erkannten sogleich die einzigartige Bedeutung dieser Texte und veröffentlichten sie 1670 unter dem Titel «Pensées de M. Pascal sur la religion et sur quelques autres sujets – Gedanken des Herrn Pascal über die Religion und einige andere Themen»[28]. Bis heute bemüht sich die Forschung, aus diesen «Pensées» ein Ganzes zu rekonstruieren, das den Absichten Pascals möglichst zu entsprechen versucht. Dabei wird man wohl nie endgültig über die von ihm beabsichtigte Einteilung entscheiden können.

«Das Elend eines entthronten Königs»

Den Anfang der geplanten Apologie bilden jene Fragmente, in denen Pascal die zwiespältige Seinslage des Menschen aufzeigt. Da diese Fragmente zu den faszinierendsten Texten der «Pensées» gehören, sollen vor allem sie hier zur Sprache kommen. In einem dieser Fragmente umschreibt Pascal die menschliche Grundgestimmtheit knapp mit den drei Stichworten, die ebenso gut von einem französischen Existentialisten des zwanzigsten Jahrhunderts stammen könnten: «Unbeständigkeit, Langeweile, Ruhelosigkeit». (24/127)[29]

Die Unbeständigkeit und Ruhelosigkeit des Menschen zeigen sich darin, dass er unfähig ist, in der Gegenwart zu leben:

«Wir halten uns nie an die Gegenwart. Wir rufen uns die Vergangenheit zurück; wir greifen der Zukunft vor, als käme sie zu langsam und als wollten wir ihr Eintreten beschleunigen, oder wir rufen uns die Vergangenheit zurück, als wollten wir sie festhalten, da sie zu schnell vorübereilte, wir sind so unklug, dass wir in Zeiten umherirren, die nicht die unsrigen sind, und nicht an die einzige denken, die uns gehört … Deshalb leben wir nie, sondern hoffen auf das Leben, und da wir uns ständig bereit halten, glücklich zu werden, ist es unausbleiblich, dass wir es niemals sind.» (47/172)

Die Widersprüchlichkeit des Menschen ist ein Lieblingsthema Pascals; «er sonnt sich stilistisch geradezu darin, diese Widersprüchlichkeit zu illustrieren»[30].

Besonders eindrücklich zeigt sich dies etwa in folgendem Fragment: «Welches Trugbild ist denn der Mensch? Welches noch nie dagewesene Etwas, welches Monstrum, welches Chaos, welcher Hort von Widersprüchen, welches Wunderding? Ein Richter über alle Dinge, ein schwacher Erdenwurm, ein Hüter der Wahrheit, eine Kloake der Ungewissheit und des Irrtums, Ruhm und Abschaum des Weltalls.» (131/434)

Für Pascal gehören Größe und Elend des Menschen untrennbar zusammen: «Der Mensch ist nur ein Schilfrohr, das schwächste der Natur, aber er ist ein denkendes Schilfrohr. Das ganze Weltall braucht sich nicht zu waffnen, um ihn zu zermalmen; ein Dampf, ein Wassertropfen genügen, um ihn zu töten. Doch wenn das Weltall ihn zermalmte, so wäre der Mensch nur noch viel edler als das, was ihn tötet, denn er weiß ja, dass er stirbt und welche Überlegenheit ihm gegenüber das Weltall hat. Das Weltall weiß davon nichts.» (200/347)

Die Größe des Menschen erschließt sich für Pascal also gerade aus seinem Elend: «Die Größe des Menschen zeigt sich darin groß, dass er sich als elend erkennt; ein Baum erkennt sich nicht als elend. Es bedeutet also, elend zu sein, wenn man (sich) als elend erkennt, aber es bedeutet, groß zu sein, wenn man erkennt, dass man elend ist.» (114/397)

In zwei weiteren Fragmenten formuliert Pascal es so: «Gerade all dieses Elend beweist seine (des Menschen) Größe. Es ist das Elend eines großen Herrn. Das Elend eines entthronten Königs.» (116/398) – Und: «Es heißt ja, um so elender zu sein, je grösser die Höhe war, aus der man herabgestürzt ist.» (122/416)

Flucht in die Zerstreuung

Da die Menschen die Erkenntnis der Widersprüchlichkeit ihres Wesens nicht aushalten, fliehen sie in die Zerstreuung: «Als ich es zuweilen unternommen habe, die ruhelose Geschäftigkeit der Menschen zu betrachten, wie auch die Gefahren und die Strapazen, denen sie sich bei Hofe und im Kriege aussetzen, woraus so viele Streitigkeiten, Leidenschaften, kühne und oft unheilvolle Unternehmungen usw. erwachsen, habe ich häufig gesagt, dass das ganze Unglück der Menschen aus einem einzigen Umstand herrühre, nämlich, dass sie nicht ruhig in einem Zimmer bleiben können ... Doch da ich es genauer bedachte und nachdem ich den Grund für all unser Unglück gefunden hatte, wollte ich dessen Ursache(n) entdecken, und ich habe gefunden, dass es eine ganz sichere gibt, die im natürlichen Unglück unserer schwachen und sterblichen Beschaffenheit besteht, die so elend ist, dass nichts uns trösten kann, wenn wir sie recht bedenken.» (136/139)

Die Zerstreuungen waren für Pascal das eigentliche Laster des mondänen Lebens. Sie sollten den Menschen über sein Elend hinwegtrösten. In Wirklichkeit hindern sie ihn aber daran, über sich selbst und seine wirkliche Lage nachzudenken und sich nach zuverlässiger Hilfe umzusehen:

«Das einzige, was uns über unser Elend hinwegtröstet, sind die Zerstreuungen. Und doch sind sie unser größtes Elend. Denn gerade sie sind das Haupthindernis, wenn wir über uns selbst nachdenken wollen, und sie stürzen uns unmerklich ins Verderben. Ohne Zerstreuungen litten wir an Langeweile, und diese Langeweile würde uns drängen, ein zuverlässigeres Mittel zu suchen, um uns davon zu befreien; die Zerstreuungen aber unterhalten uns und lassen uns unmerklich dem Tode anheimfallen.» (414/171)

Gescheiterte Suche nach Gotteserkenntnis und Glück

Der beklagenswerte Zustand des Menschen zeigt sich für Pascal auch in dessen Suche nach Gotteserkenntnis und nach Glück: «Das sehe ich, und das verwirrt mich. Ich schaue in alle Richtungen, und ich sehe überall nur

Dunkelheit. Die Natur bietet mir nichts, was nicht Anlass zu Zweifel und Unruhe wäre. Sähe ich in ihr nichts, was auf eine Gottheit hindeutete, so würde ich mich gegen sie entscheiden; sähe ich überall die Zeichen eines Schöpfergottes, so würde ich ruhig im Glauben verharren. Da ich aber zu viel sehe, um zu verleugnen, und zu wenig, um Gewissheit zu haben, bin ich in einem beklagenswerten Zustand, in dem ich hundertmal gewünscht habe, dass, wenn ein Gott die Natur erhält, sie unzweideutig auf ihn hinwiese, und dass, wenn die Zeichen, die sie von ihm gibt, trügerisch sind, sie diese vollständig austilgte, dass sie alles oder nichts sagte, damit ich sehen könnte, welcher Seite ich mich anschließen muss. In dem Zustand, in dem ich mich befinde und wo ich nicht weiß, was ich bin und was ich tun soll, erkenne ich stattdessen weder meine Lage noch meine Pflicht.» (429/229)

Die gleiche Problematik erweist sich bei der menschlichen Sehnsucht nach Glück: «Alle Menschen suchen nach dem Glück. Das gilt ohne Ausnahme, wie unterschiedlich auch die Mittel sein mögen, die sie dafür benutzen. Sie streben alle diesem Ziel zu ... Die geringste Willensregung ist immer nur auf diesen Zweck gerichtet. Das ist bei allen Menschen der Beweggrund aller Handlungen ... Und dennoch ist niemand seit so vielen Jahren jemals ohne den Glauben zu diesem Punkt gelangt, nach dem alle beständig streben.» (148/425)

Pascal sieht in dieser unerfüllten Sehnsucht des Menschen nach Glück einen Hinweis für den Schmerz eines Verlustes, der allein theologisch zu erklären ist: «Was rufen uns denn diese Gier und diese Unfähigkeit zu, wenn nicht dies, dass es einst im Menschen ein wahres Glück gegeben hat, von dem ihm jetzt nur das Zeichen und die ganz wesenlose Spur geblieben sind und die er nun vergebens mit allem auszufüllen trachtet, was ihn umgibt, wobei er von den fernen Dingen die Hilfe erwartet, die er von den gegenwärtigen nicht erhält, doch sie alle sind dazu nicht fähig, weil dieser unendliche Abgrund nur durch etwas Unendliches und Unwandelbares ausgefüllt werden kann, das heißt durch Gott selbst. Gott allein ist das wahre Glück des Menschen.» (148/425)

Diesen Gott hat Pascal in jener Nacht erfahren, von der das «Mémorial» Zeugnis gibt. Es ist nicht «der Gott der Philosophen und der Gelehrten», sondern der lebendige Gott Abrahams, Isaaks und Jakobs, «der Gott

Jesu Christi». Zu diesem Gott wollte Pascal mit seiner Apologie die Menschen hinführen. Wie viele Autoren vor ihm sah er die Skepsis gegenüber der Vernunft «als Pflug, der den Acker der Seele für die Saat des Evangeliums bereiten sollte»[31]. Das heißt aber nicht, dass es bei ihm ein «Hinüberphilosophieren in den Glauben»[32] gibt. Denn der Glaube gehört einer anderen Ebene an. Wie Pascal einst erkannte, dass die konkrete Wirklichkeit des Menschen nicht mit dem «esprit de géometrie», dem rechnenden «Geist der Geometrie» erfasst werden kann, sondern nur durch den «esprit de finesse», den «Feinsinn», so betont er jetzt, dass diese beiden Erkenntnisweisen wiederum unfähig sind, die Wirklichkeit des lebendigen Gottes zu erkennen. Diese ist nur den gläubigen Augen jenes Herzens zugänglich, das «seine Vernunftgründe hat, welche die Vernunft nicht kennt». (423/277)

Die «unendlich viel erhabenere Größe» der christlichen Weisheit und Liebe

Die eindrücklichste Formulierung dieses Gedankens findet sich im großen Fragment über die «drei verschiedenartigen Ordnungen» der Körper, des Geistes und der christlichen Liebe bzw. Heiligkeit. Zwischen diesen drei Ordnungen oder Ebenen besteht für Pascal jeweils ein «unendlicher» bzw. sogar ein «unendlich viel unendlicherer» Abstand:

«Der unendliche Abstand der Körper von den Geistern gibt ein Bild von dem unendlich viel unendlicheren Abstand der Geister von der christlichen Liebe, denn diese ist übernatürlich. Die ganze Pracht der Größe hat für jene Leute keinen Glanz, die ihr Leben geistiger Suche widmen. Die Größe der Geistesmenschen ist den Königen, den Reichen und den Feldherren, allen diesen Großen des Fleisches, unsichtbar. Die Größe der Weisheit, die nur etwas gilt, wenn sie von Gott kommt, ist den fleischlichen und den Geistesmenschen unsichtbar. Das sind drei verschiedenartige Ordnungen ...

Jesus Christus hat keinen Besitz und keine Leistungen hinterlassen, er bleibt außerhalb der Wissenschaft und in seiner eigenen Ordnung der Heiligkeit. Er hat keine Erfindungen gemacht. Er hat nicht regiert, sondern war demütig, geduldig, heilig, heilig vor Gott ...

Doch es gibt manche, die nur fleischliche Größe bewundern können, als gäbe es keine geistige Größe. Und es gibt andere, die nur geistige Größe bewundern, als gäbe es in der Weisheit nicht unendlich viel erhabenere Größe …

Aus allen Körpern zusammen kann man nicht einen kleinen Gedanken hervorbringen. Das ist unmöglich und gehört zu einer anderen Ordnung. Aus allen Körpern und Geistern kann man keine Regung wahrer christlicher Liebe gewinnen, das ist unmöglich und gehört zu einer anderen, übernatürlichen Ordnung.» (308/793)

Es macht die Größe Pascals aus, dass er in allen drei Ordnungen gelebt und sie in seiner Person zur Einheit gebracht hat, ohne sie zu verwischen. Der «Geist der Geometrie» befähigte ihn zu seinen genialen mathematischen und physikalischen Entdeckungen. Sein «Feingefühl» machte ihn zum scharf beobachtenden und zugleich verstehenden Analytiker der menschlichen Seinslage. In der Nacht der Gnade schließlich fand er zur Gewissheit der Wirklichkeit des lebendigen Gottes. Nie wäre es ihm in den Sinn gekommen, diese Ordnungen oder Ebenen gegeneinander auszuspielen oder gar die jeweils neu erreichte höhere «mit den Begriffen, Maßstäben und Methoden der vorher gesehenen»[33] erfassen zu wollen. Jede hat ihre eigene Größe und gelangt nur in den Blick, wenn «die spezifische Sehkraft»[34] gegeben ist.

Pascal ist weit entfernt vom Denken heutiger materialistischer Wissenschaftler, die für ihre jeweilige Wissenschaft eine Allerklärungskompetenz beanspruchen und zum Beispiel meinen, die Frage, wer der Mensch ist, lasse sich mit naturwissenschaftlichen Methoden hinreichend beantworten.[35] Die Vertiefung in Leben und Denken Blaise Pascals könnte vor diesem Kurzschluss bewahren. In der entscheidenden Stunde seines Lebens hielt er im «Mémorial» staunend fest: «Größe der menschlichen Seele.» Diese Größe brachte er in einem seiner Fragmente auf die klassisch gewordene Kurzformel: «Der Mensch übersteigt unendlich den Menschen.» (131/434) Wir tun gut daran, uns dieser Formel zu erinnern, wenn zeitgenössische Bio- oder Neurowissenschaftler meinen, uns vom «Gotteswahn»[36] befreien zu müssen und uns einreden wollen, wir seien «schließlich nichts anderes … als das letzte noch nicht völlig durchexperimentierte Stück Natur.»[37] Solches kommt einer Selbstprimitivisierung des Denkens gleich und führt dazu, dass wir unser Menschsein amputieren[38] und weit unter jenem Niveau leben, das uns zugedacht ist. Es ist jener Zustand einer kollektiven Gottvergessenheit bzw. Gottverlassenheit, vor dem bewahrt zu werden Pascals letzte Bitte war.

1801–1890

John Henry Newman

«Aus Schatten und Bildern zur Wahrheit»

Am 25. April 1878 besuchte der 38-jährige deutsche Kirchenhistoriker Franz Xaver Kraus (1840–1901) im Oratorium von Birmingham den damals bereits 77 Jahre alten John Henry Newman. Kraus hatte schon einige seiner Schriften gelesen und war von ihnen begeistert. Nun wollte er deren Verfasser persönlich kennen lernen. Nach dem Besuch notierte er in seinem Tagebuch:

«Newmans Persönlichkeit machte einen sehr nachhaltigen Eindruck auf mich. Wie ist da alles fertig, alles aufgegangen in Denken und Erfüllung der Pflicht! Diese ehrwürdigen Züge, wie aus Bronze gegossen, so unendlich ernst und doch so mild, dies herrliche Auge schnitt mir in die Seele und frug mich: Warum gibst du, mein Sohn, dein Herz nicht ganz deinem Gott? Noch heute bin ich erschüttert durch diesen Anblick.»[1]

Die Begegnung mit Newman wurde für den jungen Theologieprofessor zu einer existenziellen Herausforderung. In die Heimat zurückgekehrt hielt er in seinem Tagebuch fest: «Die Eindrücke der letzten Wochen waren zu stark. Meine religiöse Welt ist tief aufgewühlt. Alles ruft in mir, dass ich nun ein anderer werden muss und dass Gott mich ganz in seinen Dienst verlangt ... Mit Beschämung stehe ich, ein Kind, vor dieser Gestalt. Ja, es muss anders werden!»[2]

«Ich selbst und mein Schöpfer»

Wer war «diese Gestalt»? Worin lag das Geheimnis, dass die Begegnung mit ihr nicht nur für Kraus, sondern auch für viele andere zu einem eigentlichen Wendepunkt ihres Lebens wurde?[3]

John Henry Newman wurde am 21. Februar 1801 in London als Sohn einer Bankiersfamilie geboren. Er verlebte eine glückliche Kindheit und wurde nach den Grundsätzen der anglikanischen Kirche erzogen. Eine sorgfältige Bildung ermöglichte es ihm 1816, mit erst 15 Jahren, in einem Oxforder College sein Studium zu beginnen. Im Herbst des gleichen Jahres erlebte er einen tiefgreifenden Umkehrprozess, der seine religiöse Entwicklung grundlegend veränderte. Fast ein halbes Jahrhundert später, 1864, beschrieb er diesen Vorgang in seiner berühmten Verteidigungsschrift «Apologia pro vita sua. Geschichte meiner religiösen Überzeugungen» folgendermaßen:

«Als ich fünfzehn Jahre alt war (im Herbst 1816), fand in meinem Denken eine große Veränderung statt. Ich kam unter den Einfluss eines eindeutigen Glaubensbekenntnisses und mein Geist nahm dogmatische Eindrücke in sich auf, die durch Gottes Güte nie mehr ausgelöscht oder getrübt wurden … Ich glaubte, dass die innere Umkehr, deren ich mir bewusst war (und über die ich nach wie vor sicherer bin, als dass ich Hände und Füße habe), ins künftige Leben hinüberdauern würde … (Dieser Glaube) ließ mich bei dem Gedanken Ruhe finden, dass es zwei und nur zwei Wesen gebe, die absolut und von einleuchtender Selbstverständlichkeit sind: ich selbst und mein Schöpfer.»[4]

Dieses Erlebnis, das oft als seine «erste Bekehrung» bezeichnet wird, wurde für Newman zum Grundmuster seiner religiösen Entwicklung. Der Zusammenhang seiner eigenen geschöpflichen Existenz mit dem Dasein des Schöpfers war ihm aufgegangen. Von nun an verstand er seine Lebensgeschichte als eine Geschichte mit Gott. Das Bewusstsein, in seiner Gegenwart zu leben, von ihm gerufen und geführt zu sein, verließ ihn nie mehr. Mit dem Eifer und der Begeisterung des jungen Menschen begann er, ein konsequent ethisches und religiöses Leben zu führen. Zu Beginn und am Ende jedes Tages stand an erster Stelle das Gebet. Täglich widmete er eine Stunde der Schriftlesung. Mit der Zeit ging er sogar dazu über, ganze Kapitel der Bibel auswendig zu lernen. «Mögen sie sich doch meinem Herzen wie meinem Geist einprägen!», hielt er als Begründung für sich fest.[5] Gewissenhaft überprüfte er täglich seine ethische Vervollkommnung. Denn: «Selbsterkenntnis kommt nicht von selbst; sie bedeutet Anstrengung und Arbeit.»[6]

Von sich selbst Gebrauch machen

Sein eigenes Selbst als Gabe von Gott zu empfangen bedeutete für Newman, es auch als Aufgabe anzunehmen. Als fast Siebzigjähriger formulierte er es einmal so: «Ich bin, was ich bin, oder ich bin nichts … Ich kann nicht umhin, mir selbst zureichend zu sein, denn ich kann mich nicht zu etwas anderem machen … Wenn ich nicht von mir selbst

Gebrauch mache, habe ich kein anderes Selbst zu gebrauchen. Meine einzige Aufgabe ist, zu ermitteln, was ich bin, um es in Gebrauch zu setzen.»[7]

Sein eigenes Selbst in Gebrauch zu setzen bedeutete für Newman aber auch, die einmalige Sendung wahrzunehmen, die jedem Menschen verliehen ist. In einer Meditation schrieb er dazu:

«Gott hat mich für einen bestimmten Dienst geschaffen; er hat mir ein Werk anvertraut, das er keinem anderen anvertraute. Ich habe meine Sendung – und würde ich sie das ganze Leben hindurch nicht erkennen, so würde ich sie im künftigen Leben erfahren. Irgendwie bin ich notwendig für Gottes Ratschlüsse, so notwendig an meiner Stelle wie ein Erzengel an der seinen.»[8]

«Die Anziehungskraft der unbewussten Heiligkeit»

1822 wurde Newman Fellow, das heißt Dozent, und 1826 für einige Jahre auch Tutor am Oriel College in Oxford. Damit hatte er eine der begehrtesten Stellungen seiner Zeit erlangt. 1824 empfing er die anglikanische Diakonats- und 1825 die Priesterweihe. Wie ernst er diesen Schritt nahm, lässt ein Gebet erahnen, das er im Juni 1824 in den Vorbereitungstagen vor der Diakonatsweihe seinem Tagebuch anvertraute:

«Mach mich zu Deinem Werkzeug … Gebrauche mich, wenn Du willst, und schlage mich in Stücke, wenn Du willst. Lass mich Dein sein, lebend oder tot, in Glück und Unglück, in Freude und Trauer, in Gesundheit und Krankheit, in Ehre und Unehre.»[9] Wer so zu beten wagt, muss damit rechnen, von Gott beim Wort genommen zu werden. Newman sollte das noch in einer Weise zu erfahren bekommen, wie er es zu dieser Zeit nicht ahnen konnte.

1828 wurde Newman Pfarrer von St. Mary, der Universitätskirche Oxfords, 1831 dazu noch Universitätsprediger. Von dieser Zeit an begann er systematisch die Kirchenväter zu studieren, und zwar im griechischen und lateinischen Urtext. Dieses Studium machte ihm schmerzlich den Unterschied der frühen Kirche zur eigenen verbürgerlichten Kirche im

England seiner Zeit bewusst. Zu Beginn der 1830er Jahre wurde nämlich im englischen Parlament ein Reformgesetz verabschiedet, das dem Staat mehr Rechte gegenüber der anglikanischen Kirche einräumte. So wurde diese und das ihr anvertraute Offenbarungsgut widerspruchslos einem Parlament ausgeliefert, dem Leute aller möglichen Weltanschauungen angehörten. Newman fühlte sich zum Widerstand aufgerufen und forderte in seinen Predigten die Zuhörer dazu auf, die Kirche am Zeugnis der Apostel zu messen und sich nicht zu scheuen, als Minderheit für die Wahrheit des Evangeliums einzutreten. So sagte er in einer seiner berühmten Universitätspredigten:

Die Wahrheit des Evangeliums «hat sich in der Welt nicht als System, nicht durch Bücher, nicht durch Argumente, auch nicht durch weltliche Macht erhalten, sondern durch den persönlichen Einsatz solcher Männer, ... die zugleich Lehrer und Vorbilder der Wahrheit sind ... Die Anziehungskraft der unbewussten Heiligkeit ist zwingend und unwiderstehlich. Sie überzeugt die Schwachen, Ängstlichen, Schwankenden, Suchenden ... Eine kleine Schar hoch begnadeter Menschen wird die Welt retten für die kommenden Jahrhunderte. Einst hat sogar ein einziger Mensch (Athanasius) der Kirche sein Bild so aufgeprägt, dass es durch Gottes Barmherzigkeit bis zum Ende der Welt nicht erlöschen wird.»[10]

Versuchung zur «Sünde gegen das Licht»

Mehrere Schicksalsschläge – eine schwerere Krankheit, der Tod seiner erst neunzehnjährigen Lieblingsschwester Mary und Auseinandersetzungen mit dem Rektor des Oriel College über das Verständnis des Tutorenamtes – führten Newman in eine Krise.[11] Die Versuchung überkam ihn, das Studium der Physik und der Philosophie, das er leidenschaftlich liebte und dem er sich bisher im Dienst der Theologie gewidmet hatte, nun um seiner selbst willen zu betreiben. Wie tief die Versuchung ging, offenbaren mehrere Predigten aus den Jahren 1830 bis 1832. In einer dieser Predigten zum Thema «Jeremias, ein Lehrmeister der Enttäuschten» klangen unverkennbar Newmans eigene Erfahrungen an, wenn er sagte:

«Jedermann ist anfangs zuversichtlich; damals wie heute begannen viele Arbeiter im Haushalt Gottes ihr Amt fraglos mit Hoffnungen, die grösser waren, als was ihnen ihr späteres Geschick bescherte ... Große Erfolge zu erwarten von unseren Bemühungen um das Religiöse ist zwar natürlich und harmlos, aber es entspringt einer Unerfahrenheit in dem Werk, das wir zu tun haben, nämlich das Herz und den Willen des Menschen zu wandeln. Es ist eine weit edlere Geisteshaltung, zu arbeiten, nicht mit der Hoffnung, die Frucht unserer Arbeit zu sehen, sondern um des Gewissens willen, aus Pflichtgefühl; dazu noch im Glauben und im Vertrauen, dass Gutes geschieht, wenn wir es auch nicht sehen.»[12]

In einer anderen Predigt ermahnte Newman seine Hörer und wohl auch sich selber: «Handelt nach eurem Licht, auch inmitten von Schwierigkeiten, und ihr werdet voran getragen werden, ihr wisst nicht wie weit. Abraham gehorchte dem Ruf und machte sich auf den Weg, ohne zu wissen, wohin; so werden auch wir, wenn wir der Stimme Gottes folgen, Schritt für Schritt in eine neue Welt geführt, von der wir vorher keine Ahnung gehabt haben ... Religiöse Menschen sind immer am Lernen; wenn aber die Menschen es ablehnen, aus dem bereits gewährten Licht Nutzen zu ziehen, wandelt sich ihr Licht in Finsternis.»[13]

Ende 1832 unternahm Newman eine Mittelmeerreise. Im Mai 1833 wurde er in Sizilien von einem unbekannten Fieber befallen. Fast drei Wochen war er so krank, dass seine Umgebung ihn schon aufgab. In seiner Selbstbiografie schreibt er dazu:

«Mein Diener fürchtete, ich müsse sterben und erbat von mir die letzten Weisungen. Ich gab sie ihm seinem Wunsch gemäß, sagte aber: ‹Ich werde nicht sterben.› Ich wiederholte: ‹Ich werde nicht sterben, denn ich habe nicht gegen das Licht gesündigt; ich habe nicht gegen das Licht gesündigt.› Was ich damit meinte, konnte ich nie ganz erklären ... Gegen Ende Mai brach ich nach Palermo auf. Ehe ich am Morgen des 26. oder 27. Mai meinen Gasthof verließ, setzte ich mich auf mein Bett und fing bitterlich zu weinen an. Mein Diener, der mich mit größter Sorgfalt gepflegt hatte, fragte mich, was mir fehle. Ich konnte nur antworten: ‹Ich habe ein Werk in England zu vollbringen.›»[14]

Die Krankheitserfahrung in Sizilien hatte für Newman so etwas wie einen heilsgeschichtlichen Stellenwert. Sie wurde für ihn zum Durchbruchserlebnis von Gottes Gegenwart und Wirken in seinem Leben, auf das er immer wieder zurückkam.[15] Den schönsten literarischen Ausdruck fand diese Erfahrung der Errettung durch Gott am Rand des Todes im Gedicht «Lead, kindly light» – «Führ, liebes Licht», das er am 16. Juni 1833 auf der Seereise nach England verfasste. Es ist sein bekanntestes Gedicht und gehört bis heute zu den beliebtesten englischen Kirchenliedern.[16] Am Ende dieses Kapitels wird es in der einfühlenden Übertragung von Ida Friederike Görres[17] zusammen mit einer erschließenden Meditation wiedergegeben.

«Ich habe ein Werk in England zu vollbringen»

Sogleich nach seiner Rückkehr aus Italien begann Newman zusammen mit einigen Freunden den Versuch einer Reform der anglikanischen Staatskirche, die unter dem Namen «Oxfordbewegung» in die Geschichte einging. Als Maßstab diente ihm und seinen Mitstreitern die Kirche der Apostel und der Kirchenväter der ersten Jahrhunderte. Dabei gingen sie von der Überzeugung aus, dass eine auf apostolischem Fundament erneuerte anglikanische Kirche die «via media», den «mittleren Weg» zwischen den – wie sie es sahen – Verkürzungen der protestantischen Kirchen und den Auswüchsen der römischen Kirche bilden würde.

Unter dem Eindruck des Studiums der Kirchenväter verdichteten sich bei Newman aber zunehmend die Zweifel an der Haltbarkeit dieses Standpunkts. Als seine katholisierende Interpretation der 39 Artikel der anglikanischen Kirche von der Universität und der Mehrheit der anglikanischen Bischöfe verworfen wurde, legte er 1843 sein Pfarramt nieder und zog sich mit einigen Freunden in sein Pfarrdorf Littlemore außerhalb Oxfords zurück, wo er ein klosterähnliches Leben führte. Nach langem und schmerzlichem inneren Ringen, unter Fasten, Gebet und Studium ließ er sich schließlich am 8. Oktober 1845 in die römisch-katholische Kirche aufnehmen.

Mit seiner Konversion hatte Newman alles dahingegeben, was ihm lieb und teuer war: nicht nur seine wissenschaftliche und kirchliche Laufbahn und damit seine materielle Lebensgrundlage, sondern auch seine Verwandten und Freunde.[18] Diesen Verlust hatte er nie verwunden. Noch zwanzig Jahre später, als er seine «Apologia pro vita sua», den großen Rechenschaftsbericht über seinen geistigen Weg, schrieb, brachen die alten Wunden wieder auf. In Briefen an Bekannte gestand er: «Seit Ostermontag habe ich ohne Unterbrechung, auch sonntags, geschrieben – fünf Wochen – und muss wenigstens noch drei Wochen weitermachen. Ich habe beständig geweint und immerfort aufgeschrien vor Schmerz … Eine solche Zeit habe ich noch nie erlebt, und ein paar Mal dachte ich, ich würde zusammenbrechen.»[19]

Aber auch für seine bisherigen Freunde und für die große Predigtgemeinde, die ihn verehrte und liebte, bedeutete der Weggang Newmans einen schmerzlichen Verlust. Welche Stimmung damals herrschte, lassen die Memoiren eines Oxforder Professors erahnen, wenn er noch nach fünfundzwanzig Jahren schrieb: «Wie lebhaft kommt die Erinnerung an jene schmerzvolle Leere zurück, an die furchtbare Stille, die über Oxford kam, als diese Stimme aufhörte und wir wussten, dass wir sie nie wieder hören würden. Es war, wie wenn man nachts in der Stille einer großen Kathedrale kniet und die große Glocke, die über einem feierlich erklang, plötzlich aufhört … Man hat seitdem viele Stimmen machtvoller Lehrer gehört, aber keine hat je die Seele so durchdrungen wie diese.»[20]

Durch den Übertritt in die römisch-katholische Kirche fand sich Newman in eine andere Welt versetzt. Er hatte sich an andere Erwartungen, andere Umgangsformen und andere Instanzen zu gewöhnen. Eine Zeitlang trug er sich mit dem Gedanken, einen weltlichen Beruf zu ergreifen. Doch dann gelangte er zur Überzeugung: «Wir sind gewiss in die Kirche Gottes zu etwas berufen worden und nicht für nichts. Lasst uns abwarten und fröhlich sein und sicher, dass für uns etwas Gutes bestimmt ist und dass wir zu etwas nützlich sein sollen.»[21]

Um sich über seinen zukünftigen Ort in der katholischen Kirche klar zu werden, ging Newman nach Rom und unterzog sich dort in den Jahren 1846/47 dem Studium der Theologie. Hier lernte er das Oratorium des heiligen Philipp Neri kennen. Dieser «fröhliche Heilige» und dessen weltzugewandte Spiritualität faszinierten ihn. Zusammen mit einigen Freunden entschloss er sich, dieser Gemeinschaft beizutreten. Nach seiner Priesterweihe am 30. Mai 1847 kehrte er in seine Heimat zurück. Hier gründete er 1848 ein Oratorium in London und 1849 ein weiteres in einer Arbeiterpfarrei in Birmingham.

Nach seiner Rückkehr nach England schienen sich für Newman Aufgaben abzuzeichnen, die seiner außergewöhnlichen Begabung entsprochen hätten. So sollte er in Irland eine Katholische Universität gründen. Bei den irischen Bischöfen fand er mit seinen Vorstellungen jedoch wenig Verständnis. Sie blockierten die Entwicklung der Universität, so dass Newman vom Rektorat zurücktrat. Seine vorgesehene Ernennung zum Bischof wurde hintertrieben. Das Projekt einer Bibelübersetzung, das man ihm anvertraute, ließ die englische Bischofskonferenz wieder fallen. Der Plan, in Oxford ein Oratorium unter seiner Leitung zu gründen, wurde im letzten Moment von Rom aus verhindert. Newman sollte von Oxford ferngehalten werden, denn er sei «der gefährlichste Mann in England»[22].

«Was ich gut machte, wurde nicht verstanden»

Besonders schmerzlich für Newman war die Erfahrung, dass gerade solche, die den gleichen Weg gegangen waren, sich in der katholischen Kirche ins ultramontane Lager einordneten, zu Amt und Würden gelangten und nun seine Gegner waren. «So wurde das religiöse Genie durch das Mittelmaß seiner frommen Vorgesetzten in die Untätigkeit eingesperrt und über Jahre in die ‹dunkle Nacht› der Läuterung getrieben.»[23] Seine vorgreifenden Einsichten bescherten ihm Einsamkeit, Geringschätzung und Misserfolg. Er führte ein Leben «unter der Wolke». Im Rückblick auf eineinhalb Jahrzehnte in der katholischen Kirche stellte er enttäuscht fest:

«Seit ich katholisch bin, habe ich mich stets angestrengt, habe gearbeitet und mich abgemüht, *letzten Endes,* wie ich glaube, nicht für irgendeinen Menschen auf Erden, sondern für Gott im Himmel ... Weil ich mich nicht vorgedrängt habe, weil es mir nicht im Traum eingefallen ist, zu sagen: ‹Seht da, was ich tue und getan habe› – weil ich leeres Geschwätz nicht weiter erzählt, den Großen nicht geschmeichelt und mich nicht zu dieser oder jener Partei bekannt habe, bin ich eine Null. Ich habe keinen Freund in Rom, und in England habe ich nur gearbeitet, um missdeutet, verleumdet und verhöhnt zu werden. Ich habe in Irland gearbeitet und immer wieder wurde mir die Tür vor der Nase zugeschlagen. Anscheinend war vieles ein Fehlschlag, und was ich gut machte, wurde nicht verstanden.»[24]

Newman überkam das Gefühl, er sei «zu nichts zu gebrauchen», «eben ein unnützes Holz»[25]. Er kämpfte mit der Versuchung zurückzuschauen, doch er war nicht bereit ihr nachzugeben:

«Ich bin versucht, rückwärts zu schauen. Nicht so, o Herr, mit Deiner Gnade, nicht so! ... Das ist mein Leben lang mein Gebet gewesen, und Du hast es gehört, dass ich in dieser Welt beiseite gesetzt werden solle. Nun lass mich also noch einmal so beten: O Herr, segne, was ich schreibe, und gib ihm Gedeihen – lass es viel Gutes wirken, lass es viel Erfolg haben, aber lass mir dafür zu meinen Lebzeiten kein Lob zuteil werden ... Lehre mich, wie ich mich in den Jahren, die mir noch bleiben, am besten zu Deiner Ehre nützlich machen kann; denn mein augenscheinlicher Misserfolg entmutigt mich sehr. O mein Gott, es ist mir, als hätte ich all diese Jahre vergeudet, seit ich katholisch geworden bin. Was ich als Protestant schrieb, hatte viel größere Kraft, Gewalt, Bedeutung und Erfolg als meine katholischen Werke – und dies beunruhigt mich sehr.»[26]

War Newman sich früher gewiss, dass Gott eine Aufgabe für ihn bereithielt, schien er jetzt nichts mehr mit ihm vorzuhaben. Sein Leben ließ «nichts mehr von Vorsehung vorscheinen»[27]. Er sah nun schärfer das Paradox, das im Glauben an Gottes Vorsehung für dieses Leben liegt:

«Da ist etwas, was mir heute Morgen aufgefallen ist als ein Widerspruch, den ich schon oft in seinen Einzelheiten durchdacht hatte, ohne den Kontrast zu bemerken, in dem sie zueinander stehen. Ich meine dies, dass meine Leiden immer von denen kamen, denen ich geholfen hatte, und meine Erfolge von meinen Gegnern ... Auch ein anderer Gedanke überkam mich, nämlich, dass ich drei schwere Krankheiten in meinem Leben hatte, und wie viel Gutes ist schließlich daraus geworden!»[28]

Es ist das Geheimnis der Verborgenheit Gottes, das Newman in diesen Jahren besonders beschäftigt. Er ist bestürzt darüber, dass Gottes «Oberaufsicht über diese lebendige Welt eine so indirekte, und Sein Handeln ein so verborgenes ist ... Was dem Geist so stark und so peinlich auffällt, ist Seine Abwesenheit (wenn ich so sagen darf) von Seiner eigenen Welt. Es ist ein Schweigen, das redet. Es ist, wie wenn andere von Seinem Werk Besitz ergriffen hätten.»[29]

Doch Newman bleibt überzeugt, «dass seine (Gottes) Hand nicht kürzer geworden ist, dass aber unsere Ungerechtigkeiten uns von unserem Gott geschieden haben»[30]. So hört er nicht auf, Gottes verborgener Führung zu vertrauen: «Gott wird sorgen – Er weiß, was das Beste ist ... Er, der mein ganzes Leben lang so wunderbar gewesen ist, wird mich auch jetzt nicht verlassen, ich weiß es – wenn ich auch keinen Anspruch an Ihn habe.»[31]

«Die Wolke ist für immer weggenommen»

Newman durfte im hohen Alter noch erleben, dass die Wolke von ihm genommen wurde. Die Wende setzte 1864 mit dem Erscheinen seiner «Apologie» ein. Zu ihrer Abfassung sah er sich genötigt, weil man ihn und den katholischen Klerus insgesamt in aller Öffentlichkeit der Unehrlichkeit bezichtigte. Seine Verteidigungsschrift, die inzwischen zu den spirituellen Klassikern der Weltliteratur gehört, erregte in England großes Aufsehen. Sie führte zur vollkommenen Rehabilitierung Newmans. Manche seiner ehemaligen anglikanischen Freunde nahmen nach Jahrzehnten wieder den Kontakt mit ihm auf. Diese Wiederbegegnung in späten Jahren zählte Newman zu den gütigsten Fügungen seines Lebens, empfand er doch die Trennung von seinen alten Freunden als das schmerzlichste Opfer seiner Konversion.

Auch die eigene Kirche begann sich seiner zu erinnern und seine Dienste wieder in Anspruch zu nehmen. Dies wurde besonders dringlich in den Jahren nach dem I. Vatikanischen Konzil (1869/70). Die von diesem definierten Dogmen der Unfehlbarkeit und des Jurisdiktionsprimats des Papstes lösten auch in England heftige Reaktionen aus. Sie veranlassten 1874 den englischen Premierminister zur Behauptung, die Katholiken könnten keine loyalen Staatsbürger sein, da sie ja dem Papst mehr gehorchen müssten als den bürgerlichen Gesetzen ihres Landes. In dieser schwierigen Situation bat man Newman, in die Kontroverse einzugreifen. Durch seine klärende und umsichtige Stellungnahme trug er entscheidend zur Beruhigung der Lage bei.

Von akademischer und kirchlicher Seite wurde Newman nun endlich jene Anerkennung zuteil, die man ihm so lange vorenthielt und die er nicht mehr erwartet hatte. 1877 ernannte ihn das Trinity-College von Oxford zu seinem ersten Ehren-Fellow. 1879 erhob ihn Papst Leo XIII. gegen Widerstände zum Kardinal. «Il mio cardinale» nannte er ihn und fügte bei: «Er sei zu liberal, sagte man, aber ich war entschlossen, die Kirche zu ehren, indem ich Newman ehre.»[32]

«Die Wolke ist für immer weggenommen», soll Newman zu den Brüdern des Oratoriums gesagt haben.[33] Und im Brief an einen Freund schrieb er: «All die Geschichten, die verbreitet wurden darüber, dass ich ein halber Katholik sei, ein liberaler Katholik, unter einer Wolke, nicht vertrauenswürdig, sind nun zu Ende.»[34]

Wie sehr die Wolke des Verdachts und der Verkennung bei Katholiken wie bei Anglikanern nun von Newman genommen war, lässt ein Brief erahnen, den ihm ein anglikanischer Pfarrer zukommen ließ: «Ich frage mich, ob Sie wissen, wie sehr Sie von England geliebt werden. Ich frage mich, ob irgendein Mensch, zumindest zu unserer Zeit, überhaupt von England so geliebt worden ist – von allen religiös Gesinnten in England. Selbst die Glaubensgegner werden sanfter durch ihr Gefühl für Sie. Und ich frage mich, ob diese außerordentliche und unvergleichliche Liebe nicht genützt werden könnte und sollte als ein Mittel, um alle Engländer, die gläubig sind, in eine Herde zusammenzufassen.»[35]

Am Abend des 11. August 1890 starb Newman 89-jährig in seinem geliebten Oratorium in Birmingham. Als Inschrift für die Gedenktafel, die sich im Kreuzgang zur Oratoriumskirche befindet, wünschte er sich die Worte: «Ex umbris et imaginibus in veritatem» – «Aus Schatten und Bildern zur Wahrheit».

«Führ, liebes Licht»

«Führ, liebes Licht, im Ring der Dunkelheit
führ du mich an.
Die Nacht ist tief, noch ist die Heimat weit,
führ du mich an!
Behüte du den Fuß: der fernen Bilder Zug
begehr ich nicht zu sehn: ein Schritt ist mit genug.

Ich war nicht immer so, hab nicht gewusst
zu bitten: du führ an!
Den Weg zu schaun, zu wählen war mir Lust –
doch nun: führ du mich an!
Den grellen Tag hab ich geliebt und manches Jahr
regierte Stolz mein Herz, trotz Furcht: vergiss, was war!

So lang gesegnet hat mich deine Macht, gewiss
führst du mich weiter an,
durch Moor und Sumpf, durch Fels und Sturzbach
bis die Nacht verrann
und morgendlich der Engel Lächeln glänzt am Tor,
die ich seit je geliebt und unterwegs verlor.»[36]

Newman spricht Gott als «Licht» an. Er hat ihn als eine Macht erfahren, die seinem Dasein Sinn und Orientierung gewährt. Diese Macht bezeichnet er hier noch genauer als «liebes Licht». Es ist ein Licht, das nicht nur Helligkeit und Klarheit vermittelt, sondern auch Geborgenheit und Wärme. Das ist keineswegs selbstverständlich. Es gibt ja auch ein kaltes Licht. Denken wir nur an das grelle Licht der Neonröhren in einer Fabrik oder in einem Operationssaal. Es beleuchtet scharf, aber es macht einen zugleich frieren. Nicht so dieses Licht! Es gleicht vielmehr dem Licht einer Kerze, das erhellt und zugleich wärmt. Im Schein ihres Lichtes fühlt man sich nicht ausgestellt oder gar bloßgestellt, sondern umhüllt und geborgen. So verhält es sich auch mit dem Licht, das Gott ist. Es ist ein «liebes Licht». Der Blick, mit dem es auf uns schaut, ist ein liebender Blick. Es ist ein Erkennen, das zugleich Verstehen und vorbehaltlose Annahme bedeutet.

So wagt es Newman, diesem «lieben Licht» eine Bitte vorzutragen, ja es geradezu anzuflehen: «führ du mich an». Fünfmal wiederholt er diese Bitte. Denn die Lage, in der er sich befindet, ist düster. Dunkelheit umgibt ihn, tiefe Nacht. Ja, er fühlt sich geradezu umlagert von Dunkelheit, eingeschlossen in einen «Ring der Dunkelheit», aus dem es scheinbar kein Entrinnen gibt. Dazu kommt das Gefühl, in der Fremde zu sein, fern der Heimat. So hat er allen Grund, Gott zu bitten, er möge seinen Fuß behüten auf dem langen Weg der Pilgerschaft, der ihm noch bevorsteht. Er möge ihm so viel Licht gewähren, als für den nächsten Schritt nötig ist, mehr nicht. Was morgen und übermorgen sein wird, braucht er jetzt nicht zu wissen. Zukunftsbilder, die wie ein Film vor seinem Inneren vorbeiziehen mögen, brauchen ihn nicht zu beunruhigen. Ein Schritt ist ihm genug.

Doch wie er diese Bitte ausspricht, wird ihm bewusst, dass er nicht immer so gedacht und gebetet hat. Früher wollte er den Weg sehen. Er wollte wissen, wie es weitergeht, und die Richtung selber bestimmen. Ja, er liebte den «grellen Tag», die vollkommen durchschaute und ehrgeizig geplante Zukunft. Manche Jahre regierte Stolz sein Herz, «trotz Furcht». Diese unerwartete Wendung mag beim ersten Hinhören erstaunen, ja befremden. Man würde doch erwarten, dass ein stolzer Mensch frei von Furcht ist, dass er alles im Griff hat. Doch der Schein trügt. In Wirklichkeit lauert auf dem Grund aller Eigenmächtigkeit die Angst, unsere hochgemuten Pläne könnten eines Tages durchkreuzt oder gar zunichtegemacht werden.

Auch Newman weiß darum. Doch will er sich jetzt nicht selbstquälerisch an die Sackgassen seiner Vergangenheit klammern. Das führt nicht weiter. Es soll darum vergessen sein. Stattdessen erinnert er sich staunend daran, wie lange schon Gott ihn trotz allen Eigensinns mit seinem Segen begleitet und geführt hat. Daraus schöpft er wie schon die Menschen der Bibel die vertrauensvolle Gewissheit, dass Gott ihn auch weiterhin führen werde durch alle Gefahren, die das Leben für ihn noch bereithalten mag: durch die Gefahr, in ihm wie in einem Moor oder Sumpf zu versinken, an seiner Härte wie an einem Felsen zu zerschellen oder von ihm jäh und unvorbereitet wie von einem Sturzbach überfallen zu werden.

Doch einmal wird dieser Weg ein Ende finden, die Nacht wird verrinnen und es wird der Morgen jenes Tages anbrechen, auf den kein Abend und keine Nacht mehr folgt. Er wird am Tor der Ewigkeit angelangt sein, und dort werden ihn jene erwarten, die Gott ihm als seine Boten, als seine «Engel» auf den Weg geschickt hat, um ihn zu schützen, zu trösten und auch mal zu warnen. Sie werden ihn mit einem strahlenden Lächeln empfangen voll Freude darüber, dass er durch alle Gefahren und alles Dunkel hindurch nach Hause gefunden hat. Von diesen «Engeln» – in welcher Gestalt auch immer sie ihm begegnet sein mögen – bekennt Newman am Schluss seines Gedichtes mit einem Ton leiser Wehmut, dass er sie seit je geliebt, doch unterwegs bisweilen verloren habe.

1881–1963
Johannes XXIII.

«Heiterkeit, die von Gott kommt»

Die Begeisterung hielt sich in Grenzen, als am 28. Oktober 1958 der damalige Patriarch von Venedig, Kardinal Angelo Giuseppe Roncalli, zum Papst gewählt wurde und sich als Johannes XXIII. der Welt vorstellte. Man betrachtete diese Wahl weithin als Verlegenheitslösung und bezeichnete Johannes schon bald als «Übergangspapst». Er war bereits 77 Jahre alt, wenig bekannt und – wie man meinte – von geringem Profil, ein typischer Kompromisskandidat. So erwartete man von ihm auch nicht viel. Johannes XXIII. wurde dann tatsächlich zum Übergangspapst, allerdings in einem ganz anderen Sinn, als man erwartet hatte. In den knapp fünf Jahren seines Pontifikats übte er – vor allem durch die Einberufung des Zweiten Vatikanischen Konzils – einen Einfluss auf die Geschichte der katholischen Kirche aus, der in umgekehrtem Verhältnis zur kurzen Dauer seines Wirkens steht.

Es fällt nicht schwer, den Lebensweg und das geistliche Profil dieses großen Papstes nachzuzeichnen. Wir besitzen von ihm ein «Geistliches Tagebuch»[1], das er von seinem vierzehnten Lebensjahr an über siebenundsechzig Jahre bis kurz vor seinem Tod geführt hat. Das gibt es unseres Wissens von keinem andern Papst. Hinzu kommen unzählige Briefe und Ansprachen, in denen er in einer schlichten Unmittelbarkeit ausgesprochen hat, was ihn jeweils bewegte.

«Die Einfachheit unserer Felder»

Angelo Giuseppe Roncalli wurde am 25. November 1881 in Sotto il Monte, Provinz Bergamo, als viertes von dreizehn Kindern des Halbpächters Giovanni Battista Roncalli und seiner Frau Marianna geboren.[2] Die finanziellen Mittel der Großfamilie waren sehr begrenzt, ermöglichte der karge Boden doch nur einen bescheidenen Lebensunterhalt. Dafür vermittelte die Familie dem Heranwachsenden eine tragfähige Frömmigkeit, die ihn für sein ganzes Leben prägte. An seinem fünfzigsten Geburtstag dankte er dafür seinen Eltern in einem Brief mit folgenden Worten:

«Seitdem ich mit zehn Jahren von daheim wegging, habe ich viele Bücher gelesen und vieles gelernt, was Ihr mir nicht hättet dozieren können. Aber was immer ich in der Folgezeit durch so viele Jahre des Studiums mir angeeignet haben mag: die wenigen Dinge, die Ihr mir zu Hause beigebracht habt, sie sind um vieles kostbarer und wichtiger, ja sie geben allem Übrigen den Halt, das Leben und die Wärme.»[3]

Siebzehn Jahre später wird er seinem Neffen Battista, der Priester wurde, von Paris aus, wo er inzwischen als Päpstlicher Nuntius wirkte, schreiben: «Mein Leben hier verschafft mir täglich Kontakt mit den sogenannten Großen dieser Welt. Wenn ich mit ihnen verhandle, denke ich immer an die Einfachheit unserer Felder, unserer Familien, und davon lasse ich mir die Art und Weise eingeben, mit den Menschen umzugehen, mit ungekünstelter Ungezwungenheit, mit bescheidener und überzeugender Liebenswürdigkeit, die dann der Herr mit seinem Licht und seiner Liebe durchdringt, und die den Erfolg rascher herbeibringt und dauerhafter macht.»[4]

Ein besonders herzliches Verhältnis hatte der junge Angelo zum unverheirateten Großonkel Zaverio, seinem Taufpaten, der das geistige Haupt der Großfamilie war. Er konnte lesen und schreiben und besaß mehrere Bücher, was für diese Zeit und Umgebung ungewöhnlich war. Von ihm hielt er noch als Papst 1961 in seinem Tagebuch fest: «Er war mein erster Lehrmeister in der Frömmigkeit, aus der dann sehr bald … meine geistliche Berufung entsprang.» (330)

Priester statt Bauer

Angelo besuchte die Elementarschule, wo er dem Dorfpfarrer ob seiner wachen Intelligenz auffiel. Gegen den Widerstand des Vaters, der seinen ältesten Sohn lieber als Bauern gesehen hätte, ließ er ihm Lateinunterricht erteilen und ermöglichte ihm so die Aufnahme ins Gymnasium des Seminars von Bergamo. Damit begann seine Vorbereitung auf den Priesterberuf. Aufgrund sehr guter Examen kam der junge Kleriker Roncalli in den Genuss eines Stipendiums für das Theologiestudium im römischen Seminar Apollinare. Hier studierte er von 1901 bis zu seiner Priesterweihe im Jahre 1904. Im November 1901 musste er sein Studium allerdings für einen einjährigen Militärdienst unterbrechen. Die Erfahrung des Soldatenlebens war für ihn ein Schock, wurde er hier doch mit Realitäten konfrontiert, vor denen ihn das abgeschirmte Seminarleben bisher bewahrt hatte.

Nach Beendigung des Militärdienstes kehrte Roncalli im Dezember 1902 ins römische Kolleg zurück. Hier wurde er zum Präfekten der jüngeren Theologen bestimmt. Er nahm diese Aufgabe sehr ernst, fühlte er sich durch sie doch zu einem guten Beispiel verpflichtet. Entscheidend wurde für ihn nun hier die Begegnung mit dem Spiritual des Seminars, einem außerordentlichen geistlichen Ratgeber. Er begleitete ihn auf dem weiteren Weg zum Priestertum und führte ihn dem Ziel der spirituellen Reife entgegen: der Haltung der sogenannten «Indifferenz». Der Begriff entstammt der Tradition der ignatianischen Exerzitien. Er meint nicht eine Haltung der Gleichgültigkeit oder gar Gefühllosigkeit, sondern der vorbehaltlosen Offenheit und Verfügbarkeit dem Anruf Gottes gegenüber. So hält der nun einundzwanzigjährige Seminarist in seinem Tagebuch fest:

«Arm oder reich, geehrt oder verachtet, armer Bergkaplan oder Bischof einer großen Diözese, alles dies muss mir gleich viel gelten, wenn ich nur den Willen meines Herrn, meine Pflicht als treuer Diener erfülle und mein Heil wirke. Ja, wenn man dem einen vor dem anderen den Vorrang geben sollte, dann muss die Armut dem Reichtum, die Verachtung den Ehren, dann müssen die niedrigsten Beschäftigungen den höchsten Ämtern vorgezogen werden ... Es ist für mich ein sehr großes Opfer zu gehorchen. Gut, umso besser, ich will gehorchen und Mut fassen und fröhlich sein im Herrn. Das ist das Heilmittel, das alle Ungeduld stillt, die Entbehrungen versüßt und uns auch in allen Bitternissen des Lebens in Freude jubeln lässt.» (109)

Solche Sätze sind für moderne Ohren nicht leicht zu ertragen und auch dem Missverständnis ausgesetzt. Sie können missbraucht werden, um sadomasochistische Praktiken zu rechtfertigen, die es in der christlichen Frömmigkeitsgeschichte leider auch gibt. Doch solches ist hier keinesfalls gemeint, das ganze Leben Roncallis beweist es. Diese Sätze haben vielmehr therapeutischen Charakter – das Wort «Heilmittel» weist darauf hin – und sind im Sinn eines Korrektivs zu verstehen. Sie wollen Gegensteuer geben gegen die Egomanie des alten, unerlösten Menschen und den Terror, den sie in Gesellschaft und Kirche ausübt. Schon Jesus sah sich bekanntlich genötigt, seine Jünger vor der Gier nach den ersten Plätzen zu warnen und dem Streit, der dadurch unter ihnen entstand. Als Heilmittel dagegen gab er ihnen das Beispiel der Fußwaschung, was damals Sache der Sklaven war.

Das Leben Jesu als Leitbild

Es ist dieser Jesus, das «große Geheimnis» seines «verborgenen und demütigen Lebens in seinen ersten dreißig Erdenjahren» (160), das Roncalli in dieser Zeit immer mehr zu faszinieren beginnt. In seinem Tagebuch notiert er:

«Was für ein Leben führte Jesus in Nazareth? ... Er lebte im Verborgenen. Niemand wusste von ihm; dem äußeren Anschein nach kannte man ihn nur als den Sohn Mariens, den Sohn des Handwerkers. Kein Hinweis noch auf seine künftige Macht, auf seine göttliche Herkunft. Welch eine gute Lehre der Verborgenheit für mich, der ich immer von mir selbst eingenommen bin ...» (94f.)

Diesem verborgenen Jesus will der junge Theologe nachfolgen, und er wird in seinem künftigen Leben mehr Gelegenheit dazu erhalten, als er jetzt ahnen kann. Er ist sich bewusst, dass ein solches Vorhaben «in krassem Gegensatz nicht nur zu den Auffassungen der Welt, sondern auch zu den Meinungen und der Einstellung fast aller Geistlichen» steht (160f.). Selbstkritisch merkt er dabei an, dass auch er selber sich «auf den Gedanken der wahren Verborgenheit, die uns Jesus vorgelebt und gelehrt hat, im letzten nur mit größter Mühe einstellen kann». (161)

Für den Augenblick will er sich jedoch damit begnügen, nicht nur von einem Tag zum andern, sondern sogar nur von einer Stunde zur andern zu leben: «Um mich nicht zu sehr zu belasten und mich nicht ohne Nutzen zu verwirren, darf ich nur eines tun, nicht ... von einem Tag zum andern zu leben, sondern ... *von einer Stunde zur anderen.* Die Handlung, die ich eben jetzt zu tun habe, und nichts anderes: darauf muss ich meine ganze Sorgfalt verwenden ... Ich werde allen meinen Beschäftigungen mit Ruhe nachgehen, mit Gemessenheit, unsäglicher Einfachheit, als wenn ich gerade nur dafür auf die Welt gekommen wäre ... An alles andere, an die übrigen Pflichten, denke ich erst dann, wenn sie an der Reihe sind, und zwar ohne eine Spur von Hast und Beunruhigung und ohne etwas unvollständig, schlampig oder nachlässig zu machen.» (176)

Die Gelassenheit, vertrauensvoll von einer Stunde zur andern zu leben, ist auch Angelo Roncalli nicht einfach in den Schoß gefallen. Sie verlangte auch von ihm tägliche Einübung, traditionell gesprochen, tägliche Askese. Das Tagebuch gibt an unzähligen Stellen davon Zeugnis, wie etwa der folgenden: «Ich bemühe mich ... nach Vollkommenheit zu streben, aber in Wirklichkeit möchte ich, dass mir der Weg dazu von mir selber und nicht von Gott vorgezeichnet wird.» (184)

Von der Nachahmung zur kreativen Nachfolge

In der geistlichen Entwicklung Roncallis begann sich ab 1903 ein entscheidender Wandel zu vollziehen, nämlich in seinem Verständnis von Heiligkeit. Schon 1898, also mit 17 Jahren, hielt er im Tagebuch die Überzeugung fest, dass Jesus von ihm erwarte, zur Heiligkeit zu gelangen oder wenigstens danach zu streben, sonst hätte er ihm nicht so viele Gnaden erwiesen. (82) Nach damaliger Vorstellung waren dazu Vorbilder nötig, die sich kopieren ließen. Hier nun brach bei Roncalli eine Einsicht durch, die seine ureigene Entdeckung zu sein scheint und die man als Wandel von der Nachahmung zur kreativen Nachfolge bezeichnen könnte. Er erkannte, dass es nicht darum ging, einen Heiligen bis in die kleinsten Einzelheiten nachzuahmen, sondern:

«Von der Tugend der Heiligen muss ich das Wesentliche und nicht das Zufällige übernehmen. Ich bin nicht der hl. Aloisius und muss mich nicht genau so heiligen, wie er es getan hat, sondern wie es mein anderes Wesen, mein Charakter, meine verschiedenen Lebensbedingungen verlangen. Ich muss nicht die kümmerliche und dürre Reproduktion eines wenn auch noch so vollendeten Typs sein. Gott will, dass wir dem Beispiel der Heiligen solcherart folgen, dass wir das Lebensmark ihrer Tugend uns zu eigen machen, es in unserem Blut umwandeln und unseren besonderen Anlagen und Umständen anpassen.» (133)

Im letzten Wort «anpassen», «adattare», klingt bereits jenes Wort an, das sechzig Jahre später ein zentrales Stichwort des Zweiten Vatikanischen Konzils sein wird: die Rede vom «Aggiornamento», vom «Ins-Heute-Bringen» der Kirche, ihrer Theologie und ihrer Verkündigung.

Wesentliches und geschichtlich Bedingtes

Die Fähigkeit, zwischen dem Wesentlichen und dem geschichtlich Bedingten unterscheiden zu können, ist es denn auch, die Roncalli persönlich geholfen hat, jene Krise zu überwinden, welche zu Beginn des 20. Jahrhunderts über die katholische Kirche hereinbrach, der sogenannte Modernismus. Die modernen Wissenschaften, vor allem die Naturwissenschaften und die historische Kritik, stellten vieles vom überlieferten Glaubens- und Bibelverständnis in Frage. Das offizielle Lehramt reagierte darauf rein defensiv und repressiv und witterte überall Häresie und Glaubensabfall. Umso bemerkenswerter ist auf diesem Hintergrund die souveräne Art, mit welcher der zweiundzwanzigjährige Theologiestudent Roncalli dieser Herausforderung begegnete. Man meint schon den späteren Papst zu hören, wenn man im Tagebuch liest:

«Mein Studium der heiligen Wissenschaften und aller theologischen oder biblischen Probleme wird stets in erster Linie darauf gerichtet sein, die überlieferte Lehre der Kirche zu erforschen und von dieser Grundlage aus die neuesten wissenschaftlichen Erkenntnisse zu beurteilen. Ich verachte keineswegs die Kritik, und erst recht werde ich mich hüten, feindselig gegen sie gesonnen zu sein oder es den Kritikern gegenüber an Respekt fehlen zu lassen. Ich liebe Kritik sogar und verfolge mit Spannung die neuesten Resultate ihrer Untersuchungen. Ich halte mich auf dem Laufenden über neue Gedankengänge, über ihre unaufhörliche Entwicklung und studiere die Tendenzen. Die Kritik ist für mich Licht, und die Wahrheit ist heilig und unteilbar. Gleichwohl werde ich mich stets bemühen, in die Diskussionen, bei denen allzu oft unbesonnener Überschwang und blendender Augenschein die Oberhand bekommen, Mäßigung hineinzutragen, Harmonie, Ausgewogenheit und Klarheit des Urteils, verbunden freilich mit einer klugen und umsichtigen Weite der Ansichten.» (175)

Im Dienst des Heimatbistums Bergamo

Am 13. Juli 1904 beendigte Roncalli sein Theologiestudium mit dem Doktorat, und am darauf folgenden 10. August wurde er in Rom zum Priester geweiht. Sein Bischof Graf Giacomo Radini Tedeschi ernannte ihn zu seinem Sekretär und zum Lehrer für Kirchengeschichte am Seminar von Bergamo. Dieser zeitaufgeschlossene Bischof wurde Roncallis eigentlicher Lehrmeister. Er verstand es, zu allen Schichten seines Bistums Brücken zu schlagen und somit ein wirklicher Pontifex, das heißt Brückenbauer, zu sein: zu den Intellektuellen, den Politikern, den Arbeitern. Letztere unterstützte er, der Aristokrat, ideell und finanziell bei einem Streik für gerechtere Löhne und menschlichere Arbeitszeiten, was ihm den Titel «roter Graf» eintrug. Zehn glückliche und arbeitsreiche Jahre durfte Roncalli an der Seite dieses überragenden Bischofs wirken, bis dieser 1914 kurz nach Ausbruch des Ersten Weltkriegs allzu früh verstarb. Dieser Tod schmerzte ihn tief, verlor er dadurch doch einen geistlichen Vater. Aus Dankbarkeit widmete er ihm eine umfangreiche Biografie.

Roncalli selber wurde nun wieder zum Militär einberufen und leistete seinen Dienst als Sanitäter. Hier lernte er aus nächster Nähe die ganze Grausamkeit und Sinnlosigkeit dieses für Europa so selbstzerstörerischen Krieges kennen. Nach Kriegsende wirkte er nochmals kurz am Seminar von Bergamo, dieses Mal als Spiritual. Doch schon Ende 1920 berief ihn Benedikt XV. zum Leiter der Päpstlichen Missionswerke für Italien mit Sitz in Rom. In dieser Funktion lernte er nicht nur sämtliche Diözesen Italiens kennen, sondern unternahm auch zahlreiche Dienstreisen in viele Länder Europas.

Apostolischer Delegat in Bulgarien und der Türkei

Das Jahr 1925 brachte im Leben Roncallis einen tiefen Einschnitt. Unerwartet ernannte ihn Pius XI. zum «Apostolischen Visitator» und später zum «Apostolischen Delegaten» in Bulgarien mit Amtssitz in Sofia. Diese Versetzung überraschte ihn umso mehr, war er doch erst ein Semester zuvor zum Professor der Patristik, also der Lehre der Kirchenväter, an die Päpstliche Lateranuniversität berufen worden. Einige Historiker sehen darin denn auch eine Wegbeförderung, da er in gewissen Kreisen des Modernismus verdächtigt wurde.

Im Hinblick auf die neue Aufgabe wurde Roncalli am 19. März 1925 zum Bischof geweiht. Als Wahlspruch wählte er die Worte «Oboedientia et pax» – «Gehorsam und Friede». Schweren Herzens, doch getreu seinem Wahlspruch trat er das neue Amt an. Ohne jede Vorbereitung wurde er in ein Land geschickt, dessen Sprache, Kultur und Religion er nicht kannte. Der Posten in Bulgarien galt zudem als diplomatisches Abstellgleis und war deshalb wenig begehrt. Man sicherte ihm zu, es handle sich nur um einen vorübergehenden Einsatz von ein paar Monaten. Schließlich wurden daraus zehn Jahre. Er, der sich so sehr nach der Seelsorge sehnte, sah sich genötigt, hier als Diplomat «das Leben geradezu eines Eremiten führen zu müssen» (239). Es schmerzte ihn zudem, dass man in Rom seinen Vorschlägen kaum Beachtung schenkte und er so in schwierigen Situationen oft zwischen die Fronten geriet. 1926 vertraute er seinem Tagebuch die folgenden bitteren Zeilen an:

«Seit zwanzig Monaten bin ich nun Bischof. Und wie leicht vorauszusehen war, brachte mir dieses Amt viel Kummer und Sorge. Aber – es ist sonderbar – dieser Verdruss kam nicht durch die Bulgaren, für die ich tätig bin, sondern von den Zentralorganen der kirchlichen Verwaltung. Es ist eine Form von Kränkung und Demütigung, die ich nicht erwartet habe und die mich sehr schmerzt … Ich muss und ich will mich daran gewöhnen, dieses Kreuz mit mehr Geduld und Ruhe und innerer Gelassenheit zu tragen, als ich es bisher fertig gebracht habe.» (232)

«Ohne Gottes Willen würde ich überall ungern sein»

Es ist nicht nur die Verborgenheit Jesu in Nazareth, an der Roncalli in diesen Jahren nun reichlich Anteil bekommt, sondern auch dessen Kreuz. Das Tagebuch berichtet von Zeiten, in denen er «ohne jeglichen Trost blieb, außer dem eines guten Gewissens» (241). Er hatte gelegentlich den Eindruck, von Rom völlig vergessen zu sein. Die Zahlungen für den Lebensunterhalt blieben manchmal aus, so dass er und sein alter Sekretär in der ärmlichen Wohnung frieren mussten und das Geld nicht einmal fürs Essen reichte.[5]

In dieser schwierigen Zeit begann Roncalli, sich in seinen Betrachtungen immer mehr in das Leiden und Kreuz Jesu Christi zu vertiefen. Er schöpfte daraus Kraft, die gegenwärtigen Umstände ruhiger zu ertragen. So nimmt er sich im Tagebuch vor:

«Ich werde häufig auf diese Betrachtungen zurückkommen, damit in mir der Wunsch ... wachse, mit dem leidenden Jesus mitzuleiden, die derzeitige Geringfügigkeit meines Tuns zu lieben und ohne von anderer Tätigkeit zu träumen; ich will auch den Halbschatten lieben, darin der Wille des Herrn mich festhält, wo mich die Umstände hindern, mehr zu tun, als es eigentlich meiner Einstellung und meiner Art entsprechen würde.» (245)

Er ist bereit, die «oft heftigen und tiefen Leiden» (246) und «die Monotonie dieses Lebens, das mit täglichen Nadelstichen durchsetzt war» (300), in Liebe zu tragen. So findet er schließlich zu einem inneren Frieden und zu einer Gelassenheit, die ihm keine äußeren Umstände mehr zu nehmen vermögen. 1934 kann er darum einem ihm bekannten Priester schreiben:

«Glaubst du, dass es etwa mir gefällt, gerade hier und so lange in Bulgarien zu sein? Aber ich bin gern hier, weil ich sicher weiß, dass dies der Wille Gottes für mich ist; und ohne Gottes Willen würde ich überall ungern sein, während ich so einen beneidenswerten Frieden genieße, den ich nicht für irgendeine Beförderung oder eine größere Ehre in der Welt eintauschen möchte.»[6]

In einer Notiz von 1959 wird er – unterdessen Papst geworden – festhalten:

«Das ist das Geheimnis meines Lebens. Sucht nicht nach anderen Erklärungen. Ich habe mir oft die Worte des heiligen Gregor von Nazianz wiederholt: ‹Dein Wille, Herr, ist unser Friede.› Dieselbe Bedeutung haben auch die Worte ‹Gehorsam und Friede›, an die ich mich immer gehalten habe.»[7]

Bei allen äußeren und inneren Bedrängnissen waren die Jahre in Bulgarien doch nicht unfruchtbar. Sie haben Roncalli nicht nur geistlich reifen lassen, sondern auch seinen theologischen und kirchlichen Horizont beträchtlich erweitert. Er lernte hier die orthodoxe Kirche aus der Nähe kennen und lieben, ihre Spiritualität, ihre Liturgie und Theologie. Er gewann die Menschen Bulgariens lieb und versuchte ihnen in schwierigen Zeiten ohne Rücksicht auf Konfession oder Religion zu helfen.

Mit den zehn Jahren in Bulgarien sollte Roncallis Aufenthalt im Orient jedoch noch nicht zu Ende sein. Es folgten ihnen noch weitere neun Jahre in der Türkei. Im Juli 1935 ernannte ihn Pius XI. zum Apostolischen Delegaten für Griechenland und die Türkei mit Sitz in Istanbul. Zur Begegnung mit der Orthodoxie kam nun noch jene mit dem Islam. Zudem wurde er in den Jahren des Zweiten Weltkriegs hier auch Zeuge des Verbrechens am jüdischen Volk. Massenweise strömten jetzt aus den von den Nationalsozialisten besetzten Gebieten jüdische Flüchtlinge in den Balkan. Für sie leitete er mehrere, zum Teil gewagte Rettungsaktionen in die Wege.

Nuntius in Paris

Kurz vor Kriegsende ereignete sich in Roncallis Leben eine weitere unerwartete Wende. Im Dezember 1944 ernannte ihn Pius XII. überraschend zum Päpstlichen Nuntius in Frankreich. Nach zwanzig Jahren «Exil» im Osten sah sich Roncalli unverhofft auf die wichtigste Nuntiatur versetzt, welche Rom damals zu vergeben hatte. Der französische Katholizismus machte in jenen Jahren eine spannungsreiche, aber auch fruchtbare Phase durch. Frankreich war weitgehend ein Missionsland geworden. Die französische Kirche antwortete darauf mit mutigen, zum Teil auch riskanten Unternehmungen. Auf dem Gebiet der Seelsorge war es das Experiment mit den Arbeiterpriestern, auf wissenschaftlicher Ebene die sogenannte «Nouvelle Théologie», welche das Misstrauen Roms hervorriefen. Roncalli fand sich hier sowohl im kirchlichen wie im diplomatischen Bereich oft zwischen den Fronten. So sah er seine Rolle als Nuntius vor allem darin, zuzuhören und zu vermitteln. Der Eindruck von dieser vermittelnden Haltung soll den späteren französischen Ministerpräsidenten Robert Schumann einmal zur Aussage veranlasst haben: «Der Nuntius ist in ganz Paris der einzige Mensch, der überall, wo er hinkommt, den Frieden mitbringt.»[8]

Patriarch von Venedig

Roncalli war mittlerweile schon bald dreißig Jahre im diplomatischen Dienst der Kirche tätig: zwanzig Jahre im Osten und neun Jahre in Frankreich. Da erreichte ihn die Nachricht von seiner Ernennung zum Kardinal und zum Patriarchen von Venedig. Am 15. März zog er feierlich in der Lagunenstadt ein. Endlich konnte er das sein, was er sich zeitlebens gewünscht hat: ein Seelsorger. In seinem Grußwort bat er die Venezianer, sie möchten in ihm nichts anderes sehen als den Priester, der ihnen nach dem Beispiel des Guten Hirten, wie ihn das Johannesevangelium beschreibt, vorangehen wolle. Nach zwei Jahren im bischöflichen Dienst überlegt er in seinem Tagebuch:

«Was soll ich von meinem Leben als Hirte … sagen? Ich bin froh darüber, denn es gibt mir tiefe Befriedigung. Es ist nicht nötig, dass ich strenge Vorschriften erlasse, um gute Ordnung zu halten. Mit aufmerksamer, geduldiger und langmütiger Güte gelangt man besser zum Ziel als mit einer Peitsche. Hierüber täusche ich mich keineswegs und habe in dieser Frage keine Zweifel.» (312)

Um das Leben seiner Diözese auf die Höhe der Zeit zu bringen – hier taucht nun bei Roncalli zum ersten Mal das Wort «aggiornamento» auf –, berief er eine Diözesansynode ein. Sie sollte den Venezianern eine Erfahrung von kirchlicher Gemeinschaft vermitteln. Ein wichtiges Anliegen war es ihm, die lebendige Beteiligung der Gläubigen an der Liturgie zu fördern sowie dem Volk die Bibel wieder nahezubringen. Wie einzigartig dieses Unterfangen war, ermisst man erst, wenn man sich vergegenwärtigt, wie schwach die Bibelbewegung in Italien vor dem Zweiten Vatikanischen Konzil war.

«Il Papa buono»

Angesichts seines vorgeschrittenen Alters musste Patriarch Roncalli davon ausgehen, dass Venedig die letzte Station seines Lebens sein würde. Er konnte nicht ahnen, dass ihm seine eigentliche, historische Aufgabe noch bevorstand. Am 28. Oktober 1958 wählten ihn die Kardinäle nach einem Konklave von drei Tagen als Nachfolger Pius' XII. zum Papst. Da er in ihrem Votum ein Zeichen des Willens Gottes sah, nahm er «in Einfachheit die Ehre und die Last des Pontifikates» an «und mit Freude sagen zu können, nichts, aber auch wirklich nichts unternommen zu haben, um es zu erlangen» (349), wie er am Ende seines Tagebuches in der Rückschau auf sein Leben festhalten durfte.

Dass er auch diesen letzten Dienst seines Lebens an der universalen Kirche nach dem Vorbild des Guten Hirten zu leisten gedachte, machte Roncalli schon mit der Wahl seines Papstnamens Johannes deutlich. Diesen Namen hatte er nicht zuletzt im Hinblick auf den Evangelisten Johannes gewählt, von dessen Evangelium er vor allem das zehnte Kapitel mit der Gleichnisrede vom Guten Hirten und das siebzehnte mit dem Abschiedsgebet Jesu und der Bitte um die Einheit der Seinen liebte.

Schon am Tag nach seiner Wahl erklärte Papst Johannes, er habe nicht die Absicht, als «Gefangener im Vatikan» zu bleiben, wie es seine Vorgänger seit der Auflösung des Kirchenstaates taten. Er gab die selbst gewählte Isolation der früheren Päpste auf und ging unbefangen auf die Menschen zu. Er besuchte die Armen, Kranken und Gefangenen, die Pfarreien und Kirchen seiner Bischofsstadt Rom. Schon bald nannte man ihn «il Papa buono», den «guten Papst». Dabei war er sich wohl bewusst, dass man seine Güte oft als Schwäche und Nachgiebigkeit auslegte. Schon früher nahm er es in Kauf, dass man ihn deswegen gelegentlich als einen «Tölpel» (242) betrachtete. Seine Güte war jedoch nicht Ausdruck von Schwäche, sondern vielmehr Zeichen von innerer Stärke. So konnte er 1958 in einer Ansprache vor römischen Theologiestudenten sagen:

«Oft mag die Milde wie Schwäche erscheinen. In Wirklichkeit ist es Charakterstärke und eine hohe Würde im Leben. Es ist Zeichen eines sicheren Wertes.»[9]

Welche innere Stärke der oft so unterschätzte Papst Johannes besaß, zeigte sich in der mutigen Entschlossenheit und der geradezu traumwandlerischen Sicherheit, mit der er gegen alle Widerstände das entscheidende Projekt seines Pontifikats anging, die Einberufung des Zweiten Vatikanischen Konzils. Dieses Vorhaben entsprang nicht persönlicher Willkür, sondern war – wie sein ganzes Leben – die gehorsame Antwort auf eine göttliche Eingebung. «Der erste, der von diesem meinem Vorschlag überrascht wurde, war ich selbst» (350), hielt er noch auf der letzten Seite seines Tagebuchs fest. Er verstand sich dabei als bloßes Werkzeug des Geistes Gottes, welcher der Kirche «ein neues Pfingsten» bereiten wolle, wie er in der berühmten Ansprache zur Eröffnung des Konzils vom 11. Oktober 1962 vor den 2500 versammelten Bischöfen und den zahlreichen Beobachtern aus den nichtkatholischen Kirchen ausführte.[10]

Man kann diese Ansprache, die zu den großen Reden der Kirchengeschichte zählt, noch heute nicht ohne Ergriffenheit lesen. Hier entwarf ein alter Mann von 81 Jahren das Bild einer Kirche, die zu einem neuen Frühling aufzubrechen vermag, wenn sie nur bereit ist, sich vertrauensvoll dem Wirken des Geistes Gottes zu überlassen. Johannes hatte diese Ansprache in ihrer italienischen Urfassung «vom ersten bis zum letzten Wort» selber verfasst. Sie bildet die Summe seiner Lebenserfahrung und seines langen Lernens aus der Geschichte, und sie ist sein großes Vermächtnis an die Kirche. Mit ihr gab er dem Konzil zwar kein genaues Programm vor, wohl aber den Geist und die Richtung.

Gleich zu Beginn äußert Johannes die Zuversicht, dass die Kirche durch das Konzil geistlich zu wachsen vermöge und dass es ihr durch «ein angemessenes ‹Aggiornamento›, ‹ein Ins-Heute-Kommen›» gelinge, die Menschen zu erreichen. Entschieden widerspricht er den «Unglückspropheten», die in der Gegenwart nur Verfall sehen und unfähig sind, die Möglichkeiten zum Guten wahrzunehmen. Es sei nicht Aufgabe des Konzils, den «kostbaren Schatz» des Glaubens nur zu bewahren (Nr. 14), auch nicht, «den einen oder andern der grundlegenden Glaubenssätze zu diskutieren» (Nr. 15). «Der springende Punkt für dieses Konzil» bestehe vielmehr darin, «einen Sprung nach vorn» («un balzo inanzi») zu wagen, «der einem vertieften Glaubensverständnis und der Gewissensbildung zugutekommt». (Nr. 15)

«Das Heilmittel der Barmherzigkeit»

Das Konzil solle «von vorrangig pastoralem Charakter» (Nr. 15) geprägt sein und sich vom «Heilmittel der Barmherzigkeit» leiten lassen (Nr. 16). Wörtlich sagte er:

«Die Kirche war immer im Widerspruch zu ... Irrtümern; manchmal hat sie diese auch mit größter Strenge verurteilt. Heutzutage zieht es die Braut Christi vor, eher das Heilmittel der Barmherzigkeit zu gebrauchen als das der Strenge. Sie ist davon überzeugt, dass es dem jetzt Geforderten besser entspricht, wenn sie die Triftigkeit ihrer Lehre nachweist als wenn sie eine Verurteilung ausspricht.» (Nr. 16)

Im gleichen pastoralen Geist, den er vom Konzil erwartete, nahm Johannes während desselben auch seine päpstliche Vorrangstellung wahr. Es war ihm wichtig, dass die Bischöfe frei ihre Meinung äußern und zu echten kollegialen Entscheidungen finden konnten. Um die freie Meinungsäußerung nicht zu gefährden, zog er es vor, selber nicht an den Sitzungen teilzunehmen und sich nicht in die Debatten einzuschalten. Nur einmal sah er sich genötigt, von seiner päpstlichen Autorität Gebrauch zu machen. Als sich die Konzilsväter bei der Diskussion des umstrittenen «Schemas über die göttliche Offenbarung» in starre Fronten verrannten und das Konzil arbeitsunfähig zu werden drohte, verhalf er mit seinem Eingreifen zu einem Ausweg aus der Sackgasse. So lebte er beispielhaft einen Primat vor, der nicht Herrschaft, sondern Dienst war; der Kollegialität nicht ersetzte oder gar verhinderte, sondern im Gegenteil ermöglichte und sicherstellte.

Wie sehr es Papst Johannes in seinem ganzen Wirken nicht nur um die Kirche, sondern um die Menschen als solche ging, zeigte sich besonders auch an seinem Einsatz für den Weltfrieden. Im Oktober 1962, am unmittelbaren Vorabend der Konzilseröffnung, brach die sogenannte Kubakrise aus. Die Sowjets hatten begonnen, auf Kuba – also in unmittelbarer Reichweite der USA – Raketenbasen zu errichten. Die Vereinigten Staaten reagierten auf diese Bedrohung mit einer Seeblockade für die sowjetischen Schiffe. Die Welt stand am Abgrund eines Atomkriegs. In dieser heiklen Situation gelang es ihm, durch diskrete persönliche Kontakte zwischen den beiden Supermächten in letzter Minute zu vermitteln.

Diesem persönlichen Einsatz für den Weltfrieden ließ Papst Johannes am 11. April 1963, knapp zwei Monate vor seinem Tod, seine letzte Enzyklika «Pacem in terris» – «Friede auf Erden» folgen, die weltweit große Beachtung fand. Erstmals war ein päpstliches Rundschreiben nicht nur an die katholische Christenheit gerichtet, sondern «an alle Menschen guten Willens». Angesichts der Katastrophen der beiden vorausgegangenen Weltkriege und des noch gegenwärtigen Kalten Krieges forderte der Papst die Einstellung der Atomversuche und des Wettrüstens, die Anerkennung der Gleichheit aller Menschen und die Errichtung einer gerechten Weltordnung als Voraussetzung für einen dauerhaften Frieden.

Während des Frühjahrs 1963 verschlechterte sich der Gesundheitszustand des Papstes, der an einem nicht operierbaren Magenkrebs litt, rapide. Am Fest Christi Himmelfahrt zeigte er sich zum letzten Mal am Fenster zum Petersplatz, um den Segen zu erteilen. Nach einem längeren und geduldig ertragenen Todeskampf starb er am Pfingstmontagabend, den 3. Juni, um 19.45 Uhr.

Der Tod von Johannes XXIII. berührte Menschen aller Konfessionen und Religionen, Glaubende und Nichtglaubende. Im Leben und Sterben dieses Menschen begegneten sie einem Glauben, der bezeugt wurde mit unbedingter Güte, der sich niemandem aufdrängte, der niemanden ausschloss, der – ohne blind zu sein – lieber auf das Gute als auf das Schlechte in den Menschen setzte und sie deshalb auch zu wandeln vermochte.

Dieser Glaube hatte nichts Elitäres und Exklusives, er kannte weder Visionen noch Ekstasen. Er war schlicht und einfach wie dieser Mensch selber. Es war der einfache Glaube eines heiligen Christen. Dieser Glaube befähigte ihn, in einem langen Leben über viele Beschränkungen hinauszuwachsen und zu jener strahlenden Menschlichkeit heranzureifen, die sich niedergeschlagen hat in den vielen Geschichten vom «guten Papst Johannes» und die Marie Luise Kaschnitz auf die Kurzformel brachte: «Ein als Papst verkleideter Mensch»[11].

1891–1942

Edith Stein

«Was nicht in *meinem* Plan lag ...»

In ihrem großen Werk «Endliches und ewiges Sein» schrieb Edith Stein folgende, inzwischen berühmt gewordenen Sätze:

«Man unterscheidet in der gewöhnlichen Redeweise ‹Planvolles› – und das gilt zugleich als ‹sinnvoll› und ‹verständlich› – und ‹Zufälliges›, was in sich sinnlos und unverständlich erscheint. Ich habe ein bestimmtes Studium vor und suche mir dafür eine Universität aus, die mir besondere Förderung in meinem Fach verspricht. Das ist ein sinnvoller und verständlicher Zusammenhang. Dass ich in jener Stadt einen Menschen kennen lerne, der ‹zufällig› auch dort studiert, und eines Tages ‹zufällig› mit ihm auf weltanschauliche Fragen zu sprechen komme, erscheint mir zunächst nicht durchaus als verständlicher Zusammenhang. Aber wenn ich nach Jahren mein Leben überdenke, dann wird mir klar, dass jenes Gespräch von entscheidendem Einfluss auf mich war, vielleicht ‹wesentlicher› als mein ganzes Studium, und es kommt mir der Gedanke, dass ich vielleicht ‹eigens darum› in jene Stadt ‹gehen musste›. Was nicht in *meinem* Plan lag, das hat in Gottes Plan gelegen. Und je öfter mir so etwas begegnet, desto lebendiger wird in mir die Glaubensüberzeugung, dass es – von Gott her gesehen – keinen ‹Zufall› gibt, dass mein ganzes Leben bis in alle Einzelheiten im Plan der göttlichen Vorsehung vorgezeichnet und vor Gottes allsehendem Auge ein vollendeter Sinnzusammenhang ist. Dann beginne ich mich auf das Licht der Glorie zu freuen, in dem auch mir dieser Sinnzusammenhang entschleiert werden soll.»[1]

Diese Sätze bilden so etwas wie die Summe der Lebenserfahrung der damals fünfundvierzigjährigen Edith Stein. Sie geben die in der Rückschau gewonnene Erkenntnis wieder, dass scheinbar zu-fällige Ereignisse für ihren Lebensweg bestimmend wurden, und dass unter diesen gerade jene von entscheidender Bedeutung waren, die sie als schmerzliche Durch-Kreuzungen ihrer eigenen hochgemuten Pläne hinnehmen musste.

Die «kluge Edith»

Edith Stein wurde als elftes und letztes Kind einer jüdischen Familie am höchsten jüdischen Feiertag, dem Versöhnungsfest Yom Kippur, damals der 12. Oktober 1891, in Breslau geboren. Wie sie eindreiviertel Jahre alt war, starb ihr Vater, der ein Holz- und Kohlenhändler war. So übernahm die Mutter, eine starke und mit praktischer Lebensklugheit begabte Frau, das Geschäft. Sie war die Gestalt, die Edith zutiefst prägte. Von ihr erbte sie ethische Entschiedenheit, Bedürfnislosigkeit und Selbstdisziplin. Was sie unter den Geschwistern auszeichnete, war ihre frühreife Intelligenz. Sie wurde die «kluge Edith» genannt, die den Kindergarten verweigerte und ungeduldig in die Schule drängte, wo sie mit Willen und Ehrgeiz erstklassige Leistungen erbrachte. 1911 bestand sie als Beste das Abitur. Ihre schriftlichen Arbeiten waren so glänzend, dass ihr die mündlichen Prüfungen erlassen wurden. Neben dieser herausragenden Intelligenz zeigte sich bei ihr allerdings zeitweise eine übermäßige Verschlossenheit, die bis zur Lebensmüdigkeit gehen konnte. Das wird etwa in folgendem Selbstzeugnis deutlich:

«Ich führte von frühester Kindheit an ein merkwürdiges Doppelleben ... In den ersten Lebensjahren war ich von einer quecksilbrigen Lebhaftigkeit, immer in Bewegung, übersprudelnd von drolligen Einfällen, keck und naseweis, dabei unbezähmbar eigenwillig und zornig, wenn etwas gegen meinen Willen ging ... Das war es, was meine Angehörigen für gewöhnlich äußerlich an mir beobachten konnten. Aber in meinem Innern gab es noch eine verborgene Welt. Was ich am Tage sah und hörte, das wurde dort verarbeitet. Der Anblick eines Betrunkenen konnte mich tage- und nächtelang verfolgen und quälen ... Von all diesen Dingen, an denen ich heimlich litt, sagte ich niemandem je ein Wort. Es kam mir gar nicht in den Sinn, dass man über so etwas sprechen könnte.[2]

Die «Sünde des radikalen Unglaubens»

Schon als Gymnasiastin wandte sich Edith den Idealen der Frauenbewegung zu, an der sie den männlich-kämpferischen Zug schätzte. Wie ihre ganze Generation entfremdete sie sich der Religion, die in ihrer Familie ohnehin nur noch von der Mutter repräsentiert wurde. Sie begleitete diese manchmal in die Synagoge, doch ohne innere Anteilnahme. Statt einer alten, unverstandenen Tradition anzuhängen, zog sie es vor, in einem religiösen Vakuum zu stehen. So gewöhnte sie sich «auch das Beten ganz bewusst und aus freiem Entschluss»[3] ab. Später wird sie sich deshalb die «Sünde des radikalen Unglaubens»[4] vorwerfen. Daraus aber zu schließen, sie sei mit fünfzehn Jahren Atheistin geworden, wie es bisher in fast allen Biografien zu lesen war, ist unzutreffend. Diese Entscheidung ist wohl richtiger «als Entwicklungsschub hin zu einer eigenständigen Persönlichkeit» zu deuten, «indem sie sich von dem in ihrer Kindheit erlernten, aber nie verinnerlichten Glauben und seinen Riten emanzipierte».[5]

Worin bestand nun dieser «radikale Unglaube»? Nicht in moralisch-sittlichen Verfehlungen, sondern in einer Haltung der Selbstherrlichkeit, die sie so beschreibt:

«Ich war an gar keinen Tadel mehr gewöhnt. Zu Hause wagte mir kaum noch jemand etwas zu sagen; meine Freundinnen hingen mit Liebe und Bewunderung an mir. So lebte ich in der naiven Selbsttäuschung, dass alles an mir recht sei: wie es bei ungläubigen Menschen mit einem hochgespannten ethischen Idealismus häufig ist. Weil man für das Gute begeistert ist, glaubt man selbst gut zu sein. Ich hatte es auch immer als mein gutes Recht angesehen, auf alles Negative, was mir auffiel, auf Schwächen, Irrtümer, Fehler anderer Menschen schonungslos den Finger zu legen, oft in spottendem und ironischem Ton. Es gab Leute, die mich ‹entzückend boshaft› fanden.»[6]

Von diesem Hochmut war sogar ihre Mutter nicht ausgeschlossen, denn Edith gesteht: «Ja, ich war so albern, dass ich mich der Arbeitskleidung und der harten Arbeitshände meiner lieben Mutter schämte, wenn sie gerade vom Holzplatz heimkam.»[7] Und über ihre Mitstudenten bemerkt sie: «Die Masse der Studenten betrachtete ich als quantité négligeable. Ich ging durch die Hörsäle, ohne auf sie zu achten, und wählte möglichst einen Platz in der ersten Reihe, um ungestört der Vorlesung folgen zu können.»[8]

«Ringen um Klarheit»

Da sie das Studium der Psychologie, Germanistik und Geschichte in Breslau nicht befriedigte, zog Edith Stein im Sommer 1913 nach Göttingen, um dort Philosophie zu studieren. Schon im darauf folgenden Wintersemester begann sie, was außergewöhnlich war, ihre Doktorarbeit zum Thema «Einfühlung». Dabei geriet sie in die größte Krise ihres Lebens. Sie schreibt darüber:

«Dieses Ringen um Klarheit vollzog sich nun in mir unter großen Qualen und ließ mir Tag und Nacht keine Ruhe. Damals habe ich das Schlafen verlernt, und es hat viele Jahre gedauert, bis mir wieder ruhige Nächte geschenkt wurden. Nach und nach arbeitete ich mich in eine richtige Verzweiflung hinein. Es war zum ersten Mal in meinem Leben, dass ich vor etwas stand, was ich nicht mit meinem Willen erzwingen konnte ... Oft hatte ich mich damit gerühmt, dass mein Schädel härter sei als die dicksten Mauern. Und nun rannte ich mir die Stirn wund, und die unerbittliche Wand wollte nicht nachgeben. Das brachte mich so weit, dass mir das Leben unerträglich schien ... Ich konnte nicht mehr über die Straße gehen, ohne zu wünschen, dass ein Wagen über mich hinwegführe. Und wenn ich einen Ausflug machte, dann hoffte ich, dass ich abstürzen und nicht lebendig zurückkommen würde.»[9]

Anders als in Breslau, wo sie in ihrer eigenen Welt lebte und von da aus ihre Entscheidungen traf, war Edith Stein in Göttingen nun offen für Begegnungen, die ihr weiterhalfen. Es waren vor allem ihr Lehrer Edmund Husserl, der Begründer der philosophischen Richtung der so genannten «Phänomenologie», sein Assistent Adolf Reinach und der Philosoph Max Scheler, die in ihr eine Sensibilität für das Religiöse weckten. Sie schreibt über dieses Neue in ihrem Leben: «Das war meine erste Berührung mit dieser mir bis dahin völlig unbekannten Welt. Sie führte mich noch nicht zum Glauben. Aber sie erschloss mir einen Bereich von ‹Phänomenen›, an denen ich nun nicht mehr blind vorbeigehen konnte. Nicht umsonst wurde uns beständig eingeschärft, dass wir alle Dinge vorurteilslos ins Auge fassen, alle ‹Scheuklappen› abwerfen sollten. Die Schranken der rationalistischen Vorurteile, in denen ich aufgewachsen war, ohne es zu wissen, fielen, und die Welt des Glaubens stand plötzlich vor mir. Menschen, mit denen ich täglich umging, zu denen ich mit Bewunderung aufblickte, lebten darin. Sie mussten zumindest eines ernsten Nachdenkens wert sein.»[10]

Unerwartete Erschütterungen

Das Aufbrechen rationalistischer Vorurteile geschah bei Edith Stein durch unerwartete Erschütterungen und durch das Gezogenwerden in eine andere Richtung als die geplante. Die erste Erschütterung erfolgte durch die Konfrontation mit dem Ersten Weltkrieg. Der triumphale Aufbruch, den sie wie die meisten ihrer Zeitgenossen begeistert bejubelte, verwandelte sich immer mehr in eine Niederlage. Das Mit-leiden bewog sie 1915, gegen den Willen der Mutter das Studium, auch die begonnene Doktorarbeit, zugunsten eines freiwilligen Einsatzes in einem Militärlazarett zu unterbrechen. Das unsägliche Leiden, dem sie dort begegnete, beschäftigte sie sehr und stellte sie immer unausweichlicher vor die Frage nach dem Sinn.

Hinzu kamen Enttäuschungen im persönlichen Leben. Obwohl ihr Lehrer Husserl im August 1916 ihre Doktorarbeit mit «summa cum laude», also «mit höchster Auszeichnung» bewertete, erwog er grundsätzlich keine Habilitation von Frauen. Er begnügte sich damit, sie als unterbezahlte Privatassistentin anzustellen und ihr zeitraubende, aber unschöpferische Arbeiten zuzuweisen. So sah sie sich veranlasst, die Stelle schon nach zwei Jahren zu kündigen. Vier weitere Habilitationsversuche an deutschen Universitäten verliefen erfolglos, womit ihre so steil begonnene Hochschulkarriere abrupt beendet war.

Zum beruflichen Aus kamen zwei zerbrochene Beziehungen. Sie galten zwei Kollegen: zunächst dem polnischen Philosophen Roman Ingarden, der ihre Liebe zurückwies und eine bloß geistige Freundschaft anstrebte. Dann Hans Lipps, einem Studenten der Medizin und Philosophie, der die Fast-Verlobung mit ihr zugunsten einer anderen Frau auflöste. Diese doppelte Zurückweisung ihrer Liebe traf sie zutiefst. Denn: «Bei aller Hingabe an die Arbeit trug ich doch die Hoffnung auf eine große Liebe und glückliche Ehe im Herzen … Es kam vor, dass mir unter den jungen Menschen, mit denen ich zusammenkam, einer sehr gut gefiel und dass ich ihn mir als den künftigen Lebensgefährten dachte. Aber davon merkte kaum jemand etwas, und so mochte ich den meisten Menschen als kühl und unnahbar erscheinen.»[11]

Die erfahrenen Enttäuschungen intensivierten in Edith Stein die Suche nach Gott. Durch die Phänomenologie hatte sie ja gelernt, «alle Dinge vorurteilsfrei ins Auge» zu fassen. So hatte sie auch «Ehrfurcht vor Glaubensfragen und gläubigen Menschen gelernt», aber «den Weg zu Gott» hatte sie «noch nicht wieder gefunden».[12]

Gläubige Menschen, die weiterhalfen

Wie groß ihre Offenheit für religiöse Phänomene inzwischen jedoch geworden war, geht aus dem Bericht über eine Begegnung mit einer unbekannten Frau im so genannten Frankfurter Dom hervor:

«Wir traten für einige Minuten in den Dom, und während wir in ehrfürchtigem Schweigen dort verweilten, kam eine Frau mit ihrem Marktkorb herein und kniete zu kurzem Gebet in einer Bank nieder. Das war für mich etwas ganz Neues. In die Synagogen und in die protestantischen Kirchen, die ich besucht hatte, ging man nur zum Gottesdienst. Hier aber kam jemand mitten aus den Werktagsgeschäften in die menschenleere Kirche wie zu einem vertrauten Gespräch. Das habe ich nie vergessen können.»[13]

Von tief greifender Wirkung für Edith Stein wurde ihre Begegnung mit Anne Reinach, der jungen Witwe ihres Mentors Adolf Reinach. Dieser war im November 1917 im Krieg gefallen. Voller Angst ging Edith Stein in dessen Haus nach Göttingen, um den philosophischen Nachlass durchzusehen. Dabei erlebte sie eine durch den christlichen Glauben gestärkte Frau. Der mit Edith Stein bekannte Jesuit P. Johannes Hirschmann schreibt darüber: «Der entscheidendste Anlass zu ihrer Konversion zum Christentum war, wie sie mir erzählte, die Art und Weise, wie die ihr befreundete Frau Reinach in der Kraft des Kreuzesgeheimnisses das Opfer brachte, das ihr durch den Tod ihres Mannes an der Front des ersten Weltkrieges auferlegt war. In diesem Opfer erlebte sie den Erweis der Wahrheit der christlichen Religion und ward ihr geöffnet.»[14]

«Eine Kraft, die nicht die meine ist»

Bei aller Bemühung um philosophische Erkenntnis war es also wieder eine Person – ein gläubiger Mensch – der Edith Stein weitergeholfen hatte. Die neue Religiosität fand ihren Niederschlag auch in den Schriften aus jener Zeit. So ist in ihrer Studie «Psychische Kausalität», die 1918/19 entstand, erstmals ausdrücklich von Gott die Rede:

«Es gibt einen Zustand des Ruhens in Gott, der völligen Entspannung aller geistigen Tätigkeit, in dem man keinerlei Pläne macht, keine Entschlüsse fasst und erst recht nicht handelt, sondern alles Künftige dem göttlichen Willen anheimstellt, sich gänzlich ‹dem Schicksal überlässt›. Dieser Zustand ist mir etwa zuteil geworden, nachdem ein Erlebnis, das meine Kräfte überstieg, meine geistige Lebenskraft völlig aufgezehrt und mich aller Aktivität beraubt hat. Das Ruhen in Gott ist gegenüber dem Versagen der Aktivität aus Mangel an Lebenskraft etwas völlig Neues und Eigenartiges. Jenes war Totenstille. An ihre Stelle tritt nun das Gefühl des Geborgenseins, des aller Sorge und Verantwortung und Verpflichtung zum Handeln Enthobenseins. Und indem ich mich diesem Gefühl hingebe, beginnt nach und nach neues Leben mich zu erfüllen und mich – ohne alle willentliche Anspannung – zu neuer Betätigung zu treiben. Dieser belebende Zustrom erscheint als Ausfluss einer Tätigkeit und einer Kraft, die nicht die meine ist und, ohne an die meine irgendwelche Anforderungen zu stellen, in mir wirksam wird. Einzige Voraussetzung für solche geistige Wiedergeburt scheint eine gewisse Aufnahmefähigkeit zu sein.»[15]

Mit dem Erlebnis, das ihre Kräfte überstieg, ist wohl die tiefe Erschütterung gemeint, welche die Erfahrung unerwiderter Liebe in ihr auslöste. Auf jeden Fall vollzog sich in diesen Jahren in ihr eine umstürzende Veränderung. Sie bestand im «Wechsel aus dem Begreifenwollen ins Ergriffenwerden»[16] und führte zu ihrer entschiedenen Annäherung ans Christentum. Sie begann, sich ins Neue Testament zu vertiefen und christliche Literatur zu studieren, vor allem Augustinus, aber auch Franz von Assisi, Ignatius von Loyola, Luther und Kierkegaard. Hier eröffnete sich ihr eine neue Welt. In einem Brief an Roman Ingarden beschreibt sie rückblickend das Geschehen so: «Es ist eine unendliche Welt, die sich ganz neu auftut, wenn man einmal anfängt, statt nach außen nach innen zu leben. Alle Realitäten, mit denen man vorher zu tun hatte, werden transparent, und die eigentlich tragenden und bewegenden Kräfte werden spürbar. Wie belanglos erscheinen die Konflikte, mit denen man vorher zu tun hatte! Und welche Fülle des Lebens mit Leiden und Seligkeiten, wie sie die irdische Welt nicht kennt und nicht begreifen kann, fasst ein einziger, nach außen fast ereignisloser Tag eines gänzlich unscheinbaren Menschendaseins.»[17]

Begegnung mit Teresa von Ávila

Von schicksalhafter Bedeutung wurde für Edith Stein nun die Begegnung mit Teresa von Ávila. Bei einem Besuch im Hause Reinach durfte sie sich zum Abschied ein Buch aus der Bibliothek aussuchen. Ihre Wahl fiel auf die Autobiografie der großen spanischen Mystikerin und Reformerin des Karmeliterordens Teresa von Ávila. Sie nahm deren Lebensbeschreibung Ende Mai 1921 zu einem Urlaub mit, den sie bei der befreundeten Philosophin Hedwig Conrad-Martius in Bergzabern in der Pfalz verbrachte. Die Lektüre dieses Buches machte ihrem «langen Suchen nach dem wahren Glauben ein Ende»[18], wie sie rückblickend festhielt. Am 1. Januar 1922 ließ sie sich in Bergzabern taufen und am 2. Februar desselben Jahres in Speyer firmen, zum tiefen Schmerz und bleibenden Unverständnis ihrer Mutter und ihrer Familie. Eigentlich hatte sie den Wunsch, gleich danach in den Karmel einzutreten. Sie unterließ es aber: einerseits aus Rücksicht gegenüber ihrer Mutter, die zwei Schicksalsschläge auf einmal, Konversion und Klostereintritt, nicht ertragen hätte. Dann aber auch auf Wunsch ihrer geistlichen Berater, die sie aufforderten, ihre hohen Geistesgaben in den unmittelbaren Dienst an den Menschen in der Welt zu stellen.

Lehrerin und Dozentin

So arbeitete Edith Stein zunächst acht Jahre, von 1923–1931, als Lehrerin für Deutsch und Geschichte am Lyzeum der Dominikanerinnen in Speyer. Daneben übersetzte sie Schriften von John Henry Newman und Thomas von Aquin und hielt unzählige Vorträge in ganz Deutschland, vornehmlich zur Frauenfrage, aber auch zu pädagogischen und philosophischen Themen. War sie in der Zeit unmittelbar vor und nach ihrer Konversion noch der Meinung, «ein religiöses Leben führen heiße alles Irdische aufgeben und nur im Gedanken an göttliche Dinge leben», lernte sie nun allmählich einsehen, «dass selbst im beschaulichsten Leben die Verbindung mit der Welt nicht durchschnitten werden darf. Ich glaube sogar, je tiefer jemand in Gott hineingezogen wird, desto mehr muss er auch in diesem Sinn ‹aus sich herausgehen›, d. h. in die Welt hinein, um das göttliche Leben in sie hineinzutragen. Es kommt nur darauf an, dass man zunächst einmal in der Tat einen stillen Winkel hat, in dem man mit Gott so verkehren kann, als ob es sonst überhaupt nichts gäbe, und das täglich: das Gegebene scheinen mir die Morgenstunden, ehe die Tagesarbeit beginnt.»[19]

1932 wurde Edith Stein als Dozentin an das Institut für wissenschaftliche Pädagogik nach Münster berufen – die erste ihr wirklich angemessene Stelle. Diese konnte sie allerdings nur bis April 1933 wahrnehmen, da sie durch die Nürnberger Ariergesetze als Jüdin für den öffentlichen Lehrberuf «untragbar» geworden war. Nun war für sie die Zeit gekommen, ihrer innersten Berufung zu folgen und in den Karmel einzutreten.

«An dem Ort, an den ich längst gehörte»

Am schmerzlichsten gestaltete sich für sie der Abschied von zu Hause. Sie schreibt darüber: «Ich musste den Schritt völlig in der Dunkelheit des Glaubens tun. Oft habe ich in jenen Wochen gedacht: Wer von uns beiden wird zusammenbrechen, meine Mutter oder ich? Aber wir hielten beide bis zum letzten Tag aus.»[20] Die Mutter konnte den Gedanken nicht ertragen, «die jüngste, geliebteste Tochter habe den ‹einzigen Gott Israels› verraten ... Und der Tochter blieb als Bitterkeit, dass sie ihren Entschluss nicht deutlich machen konnte.»[21]

Den Abschied selber beschreibt Edith so: «Meine Mutter umarmte und küsste mich sehr herzlich ... Am Schluss fügte sie hinzu: ‹Der Ewige stehe dir bei!› Als ich Erna (die Lieblingsschwester) umarmte, weinte meine Mutter laut auf. Ich ging schnell hinaus ... So war es nun doch wirklich, was ich kaum noch zu hoffen gewagt hatte. Es konnte keine stürmische Freude aufkommen. Dazu war das zu schrecklich, was hinter mir lag. Aber ich war tief beruhigt – im Hafen des göttlichen Willens.»[22]

Bei ihrer Einkleidung im Karmel von Köln im April 1934 erhielt Edith Stein ihrem Wunsch gemäß den Namen Teresia Benedicta a Cruce, «die vom Kreuz Gesegnete». Sie war nun «eine Tochter der heiligen Teresia geworden», die sie «einst zur Konversion geführt hat».[23] Sie fühlte sich «jetzt an dem Ort, an den ich längst gehörte»[24]. Schon immer war es ihr, «als hätte mir der Herr im Karmel etwas aufgespart, was ich nur dort finden könnte»[25].

Das Leben im Karmel bedeutete für Edith Stein aber keine Trennung von der Welt, im Gegenteil. «Wer in den Karmel geht, ist für die Seinen nicht verloren, sondern erst eigentlich gewonnen; denn es ist ja unser Beruf, für alle vor Gott zu stehen.»[26] Zudem durfte Edith Stein hier weiterhin im wissenschaftlichen Bereich tätig sein, wozu sie von verschiedenen klösterlichen Aufgaben freigestellt wurde. So arbeitete sie 1935–1936 ihre unvollendet gebliebene Habilitationsschrift zum philosophisch-theologischen Hauptwerk «Endliches und ewiges Sein» um, in dem sie der Frage nach dem «Sinn des Seins» nachging.

«Kreuzeswissenschaft»

Im Hinblick auf den 400. Geburtstag des heiligen Johannes vom Kreuz (1542–1591), der 1942 gefeiert wurde, erteilte ihr der Orden den Auftrag, eine Studie über diesen großen Mitstreiter Teresas von Ávila zu verfassen. Sie gab dem Werk den Titel «Kreuzeswissenschaft». Johannes vom Kreuz verwendete den Ausdruck selber nie. Er sprach vielmehr von einer «Liebeswissenschaft», «in der freilich die Kreuzesnachfolge – genauer: die liebende Verähnlichung mit dem gekreuzigten Christus – eine nicht zu unterschätzende Rolle spielt».[27]

Dass Edith Stein den Akzent auf die «Kreuzeswissenschaft» legte, hatte seinen Grund einmal in ihrer eigenen persönlichen Geschichte. Nach einer steilen Aufwärtsbewegung an der Universität hatte sich ihr Leben zunehmend nach unten und nach innen gebeugt. «Alles, was an ihr unausgereift war, zu spitz, zu hell, zu selbstsicher, wurde ihr in der zweiten Hälfte aus den Händen gewunden, und sie stimmte diesen Vorgängen zu.»[28] In ihrer «Kreuzeswissenschaft» schreibt sie: «Alle, die den Mut haben, das Kreuz und den Gekreuzigten zu umarmen: In sie ergießt sich sein göttliches Licht und Leben, aber weil es unaufhaltsam alles vernichtet, was Ihm im Wege steht, darum erfahren sie es zunächst als Nacht und Tod.»[29]

Hinzu kam die Tatsache, dass sich seit Beginn der nationalsozialistischen Machtergreifung die Lage der Juden und damit auch ihrer eigenen Familie dramatisch verschlechterte. Edith Stein nahm tiefen Anteil am Schicksal ihres Volkes, und in ihr reifte die innere Gewissheit, dass sie ihm beim Kreuztragen helfen müsse. «Aber worin das Kreuztragen bestehen sollte, das wusste ich noch nicht.»[30] Sie, die gleichsam symbolhaft am jüdischen Versöhnungsfest geboren war, wurde vom wachsenden Bewusstsein getragen, für eine Hingabe vorgesehen zu sein, deren Ergebnis sie nicht absehen konnte.

Am Passionssonntag 1939 fühlte sie sich angetrieben, sich «dem Herzen Jesu als Sühnopfer für den wahren Frieden anzubieten: dass die Herrschaft des Antichrist, wenn möglich, ohne einen neuen Weltkrieg zusammenbricht und eine neue Ordnung aufgerichtet werden kann»[31]. Am darauffolgenden 9. Juni erneuerte sie in ihrem geistigen Testament die Bereitschaft zur Hingabe ihres Lebens für das jüdische Volk, «für die Rettung Deutschlands und den Frieden der Welt, schließlich für meine Angehörigen, Lebende und Tote, und alle, die Gott mir gegeben hat: dass keines von ihnen verloren gehe»[32].

«Das Los meiner Schwestern und Brüder teilen»

Nach der so genannten «Reichskristallnacht» vom 9. November 1938 wechselte Edith Stein an Silvester des gleichen Jahres in das niederländische Filialkloster Echt, in der Hoffnung, dort der nationalsozialistischen Verfolgung zu entgehen. 1942 versuchte sie, für sich und ihre im gleichen Kloster als Tertiarin lebende Schwester Rosa, die sich als einzige der Familie ebenfalls hatte taufen lassen, im Schweizer Karmel Le Pâquier im Kanton Freiburg Aufnahme zu finden. Das Gesuch wurde aber von den Schweizer Behörden zögerlich behandelt und schließlich abgelehnt. So wurde sie am Sonntag, 2. August 1942 zusammen mit ihrer Schwester von der Gestapo verhaftet und in ein Sammellager verschleppt. Dabei soll sie zur Schwester gesagt haben: «Komm, wir gehen für unser Volk.» Einem jüdischen Mitarbeiter, der noch etwas zu ihrer Rettung unternehmen wollte, antwortete sie: «Tun Sie das nicht, warum soll ich eine Ausnahme erfahren. Ist dies nicht gerade Gerechtigkeit, dass ich keinen Vorteil aus meiner Taufe ziehen kann? Wenn ich nicht das Los meiner Schwestern und Brüder teilen darf, ist mein Leben wie zerstört.»[33]

Ein jüdischer Häftling, der den Holocaust überlebte, berichtet: «Unter den eingelieferten Gefangenen fiel Edith Stein auf durch ihre große Ruhe und Gelassenheit. Der Jammer im Lager und die Aufregung bei den neu Eingetroffenen waren unbeschreiblich. Edith Stein ging unter den Frauen umher, tröstend, helfend, beruhigend wie ein Engel. Viele Mütter, fast dem Wahnsinn nahe, hatten sich schon tagelang nicht um ihre Kinder gekümmert und brüteten in dumpfer Verzweiflung vor sich hin. Edith Stein nahm sich sofort der armen Kleinen an, wusch und kämmte sie, sorgte für Nahrung und Pflege.»[34]

Wer seine Berufung als Karmelitin darin sah, «für alle vor Gott zu stehen», konnte nicht anders, als auch bei den Menschen zu stehen, gerade dann und dort, wo sie in größte Not und Verzweiflung gerieten. Auf ihrem Weg ins Vernichtungslager von Auschwitz wurde Edith Stein für viele Mitgefangene ein tröstender und helfender Engel. Sie ließ sie dort, wo buchstäblich «die Hölle los war», etwas von Menschlichkeit und dadurch von Himmel erfahren. Am 9. August 1942 teilte sie mit ihnen schließlich das gleiche Todesschicksal.

In seinem stark autobiografischen Roman «Kaddisch für ein nicht geborenes Kind» schreibt der ungarisch-jüdische Schriftsteller und Literaturnobelpreisträger Imre Kertész, der Auschwitz und Buchenwald als Sechzehnjähriger überlebt hat: «Hört doch endlich auf damit ..., dass es für Auschwitz keine Erklärung gibt, ... denn das wirklich Irrationale und tatsächlich Unerklärliche ist nicht das Böse, im Gegenteil: es ist das Gute. Gerade deshalb interessieren mich schon lange nicht die Führer, Reichskanzler und sonstigen Titularusurpatoren, wie viel Interessantes ihr auch über ihr Seelenleben erzählen könnt, nein, statt des Lebens von Diktatoren interessiert mich schon lange einzig noch das Leben der Heiligen, denn das finde ich interessant und unfassbar, dafür finde ich keine bloß rationale Erklärung.»[35]

1905–1961

Dag Hammarskjöld

«Einmal antwortete ich ja ...»

Nach dem Tod Dag Hammarskjölds, der von 1953–1961 UN-Generalsekretär war, fand man in dessen New Yorker Wohnung im Nachttisch eine blaue Mappe mit einem Manuskript von 160 maschinengeschriebenen Seiten. Dazu einen undatierten Brief an Leif Belfrage, einen Freund und ehemaligen Kollegen im schwedischen Außenministerium. Er hatte folgenden Inhalt:

«Lieber Leif, einmal habe ich dir erzählt, vielleicht erinnerst du dich daran, dass ich trotz allem eine Art Tagebuch geführt habe. Ich wäre froh, wenn du dich irgendwann seiner annähmest. Hier ist es. Begonnen wurde es ohne einen Gedanken daran, dass jemand es lesen sollte. Mein späteres Schicksal, mit allem, was über mich geschrieben oder gesagt worden ist, hat aber die Lage verändert. Das einzig richtige Profil, das man zeichnen könnte, ergeben diese Notizen. Darum habe ich in den letzten Jahren mit einer Veröffentlichung gerechnet, obwohl ich weiterhin für mich selbst und nicht für ein Publikum schrieb. Wenn du findest, dass sie verdienen gedruckt zu werden, so gib sie heraus – als eine Art Weißbuch meiner Verhandlungen mit mir selbst – und mit Gott.»[1]

Ein spirituelles Tagebuch

Leif Belfrage entschied sich für die Veröffentlichung. Und so erschien das Tagebuch 1963, zwei Jahre nach Hammarskjölds Tod, unter dem Titel «Wegmarken» bzw. «Zeichen am Weg», wie er in der deutschen Übersetzung lautet.[2] Das Interesse daran war von Anfang an groß. Noch größer aber war das Erstaunen. Dieses Tagebuch zeigte einen ganz anderen Hammarskjöld, als man erwartet hatte. Zwar kannte und schätzte man ihn als einen außergewöhnlich integren Menschen. Aber niemand hatte mit dem ungewöhnlichen religiösen, ja mystischen Profil gerechnet, das einem da begegnete. Keine Enthüllungen, Indiskretionen oder Anekdoten, kein Blick hinter die Kulissen und keine Abrechnung mit Gegnern. Stattdessen mystisch-meditative Texte von großer existentieller Tiefe und sprachlicher Dichte, Aphorismen, Selbstreflexionen, Natur- und Menschenschilderungen, traumartige Visionen, Zitate aus der Bibel, aus Mystikern und aus zeitgenössischer Literatur, Gebete und Gedichte.[3]

Dieses Tagebuch ist also alles andere als homogen, und Hammarskjöld führte es auch nicht regelmäßig. Es gibt Jahre, in denen sich keine oder nur wenige Eintragungen finden. Zudem sind die Jahre erst ab 1950 einzeln datiert. Die erste Eintragung mit Tagesdatum findet sich am 7. April 1953, dem Tag seiner Wahl zum UN-Generalsekretär. Obwohl Hammarskjöld glaubte, während seiner Amtszeit sein Innerstes nicht nach außen zeigen zu dürfen, um seine Aufgabe erfüllen zu können, gab er in einem Radiointerview kurz nach seiner Ernennung doch Auskunft über die Prinzipien und Ideale, die seinen bisherigen Weg bestimmten. Dabei kam er auch auf die «Schriften jener großen mittelalterlichen Mystiker»[4] zu sprechen, «für die ‹Selbstaufgabe› der wahre Weg zur Selbstverwirklichung war und die in Konzentration und Verinnerlichung die Kraft fanden, ‹Ja› zu all den Anforderungen zu sagen, mit denen die Bedürfnisse der Mitmenschen sie konfrontierten – und auch ‹Ja› zu sagen zu jedem Schicksalszug, den das Leben für sie bereithielt, wenn sie ihrer Berufung folgten.» (20)

Im Folgenden soll nun anhand von Hammarskjölds Tagebuch sein spiritueller Weg nachgezeichnet werden, den er in der Rückschau selber als Weg zur Gottesgeburt in seinem Innern verstanden hat. Wie wir die Geschichte in eine Zeit vor und nach Christus einteilen, so könnte man auch im Leben Hammarskjölds von einer Zeit vor und nach Christi Geburt sprechen. Sein Leben ist nicht nur die Geschichte eines dramatischen spirituellen Suchprozesses, sondern entscheidend auch die Geschichte eines überwältigenden Einbruchs der Gnade Gottes, der ihn zutiefst verwandelte. Die Jahre des äußeren Aufstiegs, die in der Berufung zum UN-Generalsekretär gipfelten, können nicht darüber hinwegtäuschen, dass sie innerlich geradezu gegenteilig erlebt wurden, nämlich als Zeit eines rastlosen und schließlich fast verzweifelten Suchens nach einem Sinn des Daseins.[5] Dabei dürfen wir nicht übersehen, dass Hammarskjöld seinen inneren Weg jenseits der üblichen Bahn in einer fast vollkommen säkularisierten Gesellschaft zu gehen hatte. Er konnte kein geistiges Modell nachahmen, und er hatte auch keinen geistlichen Führer.[6] Noch

1941/42 ringt er um die «Erkenntnis der Lebenslinie». Erst nach der inneren Wende um das Jahr 1953 scheint er hinter diesen langen Jahren des Suchens eine verborgene göttliche Führung erkannt zu haben.

Ringen um Sinn und Selbstfindung

Das Tagebuch setzt 1925 mit einem Gedicht des zwanzigjährigen Universitäts-Studenten ein. Es zeigt schon das typische Fluidum seiner Sprache: Äußerste Verdichtung der inneren Aussage zu Bildern von «glasklarer Undurchsichtigkeit», wie man es schon bezeichnete. Zudem finden sich in diesem Gedicht schon alle Themen, die fortan sein Leben bestimmen werden: die Frage nach dem Sinn, das Problem der Selbstfindung und die Todesfrage.

Als erstes also die Sinnfrage:

«Weiter treibe ich
hinaus ins fremde Land.
Beinhart die Erde,
Eisluft beißender kalt.
Berührt vom Winde
meines unbekannten Ziels
zittern die Saiten
im Warten.
Immer ein Fragender,
werde ich dort sein,
wo das Leben verklingt – ein klar schlichter Ton
im Schweigen.» (41)

Von einem Aufbruch «ins fremde Land» ist hier die Rede, zu einem «unbekannten Ziel» hin, dem er entgegentreibt, als ein Wartender und «immer ein Fragender». Schon seit je sind dies Bilder für die spirituelle Wegsuche. Sie werden hier – und das kann bei einem begeisterten Bergsteiger wie Hammarskjöld nicht erstaunen – ergänzt durch Bilder einer spirituellen Bergbesteigung. Angedeutet wird ein Vordringen in höhere Regionen, wo die Erde «beinhart» ist und die «Eisluft beißender kalt», wo das Leben mit seinem Lärm «verklingt», «ein klar schlichter Ton im Schweigen» wird.

Die nächste Strophe spricht von Selbstwerdung und Identitätsfindung:

«Lächelnd, offen und ehrlich –
beherrscht der Körper und frei.
Ein Mann, der wurde, was er konnte,
und der war, was er war –
bereit, im einfachen Opfer
alles zu fassen.» (42)

Ein idealistisches und anspruchsvolles Selbstbild begegnet uns hier, nicht ganz frei von Selbstbewunderung und Eitelkeit: Themen, mit denen sich Hammarskjöld in seinem Tagebuch immer wieder auseinandersetzen wird. Dennoch: Offenheit, Ehrlichkeit, Selbstbeherrschung und Opferbereitschaft bis zum Letzten, das sind Eigenschaften, die das ganze Leben Hammarskjölds auszeichneten. Man muss diesen unbedingten jugendlichen Willen zur Selbstverwirklichung und zum Selbsteinsatz sehen, um erahnen zu können, welche Umwandlung sich dann vollziehen wird, wenn er gelernt hat, das Ziel nicht mehr selber zu bestimmen, sondern auf den Willen eines Anderen einzugehen.

Der Tod und die Fragwürdigkeit des eigenen Ich

Das dritte Thema ist der Tod:

«Morgen treffen wir uns,
der Tod und ich –.
Er wird den Degen stoßen in einen wachen Mann.
Wie brennt doch das Gedenken jeder Stunde,
die ich vertan.» (42)

Der Tod durchzieht das Tagebuch von den ersten bis zu den letzten Zeilen als Thema mit Variationen. Er erscheint als Heilmittel, als Fluchtversuch, schließlich als Tischkamerad. Was hier zunächst nach einem bloßen Rendezvous aussieht, ist in Wahrheit ein Duell auf Leben und Tod. Es provoziert unerbittlich dazu, Bilanz zu ziehen über das bisherige Leben und die vertanen Stunden.

Warum aber ist das Leben derart umstellt von der Todesfrage? Die Antwort Hammarskjölds lautet: Es ist die Erfahrung des eigenen Ich in seiner Fragwürdigkeit. Dieses existenzielle Grundmotiv durchzieht nahezu die Hälfte aller Aufzeichnungen. In einer Eintragung der Jahre 1941/42 schreibt er in der dritten Person, wobei er aber wohl auch an sich selber denkt:

«Er stand aufrecht – wie ein Kreisel, solange die Peitsche pfeift. Er war bescheiden – kraft eines vierschrötigen Überlegenheitsgefühls. Er war nicht anspruchsvoll: was er erstrebte, war nur Freiheit von Unruhe, und die Niederlagen der anderen erfreuten ihn tiefer als eigene Siege. Er bewahrte das Leben, das er nie wagte. – Und er beklagte sich darüber, dass man ihn nicht verstand.» (45)

Das Ich also ist «der Kreisel, der sich immer nur um sich selbst drehen kann, getrieben von der eigenen Peitsche, bis in die unbewussten Motive hinein! Schonungsloser kann man kaum hinter den eigenen Vorhang schauen.»[7]

Etwas später folgt der vernichtende Satz:

«Du bist dein eigener Gott – und wunderst dich, dass die Wölfe dich über die dunkle Öde des Wintereises jagen.» (48)

Das sich selbst verfallene Ich kann scheinbar alles, nur das eine nicht: sich selbst loslassen, wie es in einer Notiz aus den Jahren 1945–1949 als Wunsch aufscheint:

«Loslassen um zu fallen, fallen – in blinder Hingabe vertrauend. Zu etwas anderem, einem anderen – .» (55)

Den Grund für diese Unfähigkeit sich loszulassen benennt eine Eintragung aus dem Jahre 1950:

«Die Lust an sich selbst schlägt um das Ich einen eisigen Ring, der sich langsam an den Kern heranfrisst.» (70)

Hunger nach Gemeinschaft und Gerechtigkeit

Im gleichen Jahr hält Hammarskjöld aber auch fest:

«Hunger ist meine Heimat im Land der Leidenschaften. Hunger nach Gemeinschaft, Hunger nach Gerechtigkeit – einer Gemeinschaft, durch Gerechtigkeit gebaut und einer Gerechtigkeit, gewonnen durch Gemeinschaft.» (78)

Die Eintragungen der Jahre 1950–1954 und dann noch jene von 1957 beginnen jeweils leitmotivisch mit der Zeile: «Bald naht die Nacht». Sie stammt aus einem Kirchenlied des schwedischen Bischofs Franzen (1772–1849), das die Mutter Hammarskjölds immer an Neujahr vorzutragen pflegte. Die Nacht ist in der Sprache der Mystik ein Bild der Läuterung und Reinigung, damit aber auch des beginnenden Durchbruchs Gottes in der Seele eines Menschen. In einer Notiz gegen Ende 1950 beschreibt Hammarskjöld diesen Durchbruch als «Reise nach innen»:

«Die längste Reise
ist die Reise nach innen.
Wer sein Los gewählt hat,
wer die Fahrt begann
zu seiner eigenen Tiefe –
noch unter euch
ist er außerhalb der Gemeinschaft,
abgesondert in eurem Gefühl
gleich einem Sterbenden
oder wie einer, den der nahende Abschied
vorzeitig weiht
zu jeglicher Menschen endlicher Einsamkeit.» (81)

Hammarskjöld empfindet sich immer mehr als «außerhalb der Gemeinschaft», als «abgesondert», einsam, auch als «geweiht». Ein Jahr darauf spricht er von einer «inneren Berufung» und stellt sich die Frage:

«Darf jemand, der die äußere Möglichkeit fand, seine innere Berufung zu verwirklichen, sich der Gefahr aussetzen, sie nur darum nicht zu erreichen, weil er nicht alles andere von sich werfen mag?» (88)

Vorbild Jesus

Unmittelbar auf diese Eintragung folgt die erste der sogenannten «Christusmeditationen» Hammarskjölds, ohne dass er den Namen Jesu ausdrücklich nennen würde. Sein Jesusbild war entscheidend von Albert Schweitzer geprägt, in dessen Werk er nach eigener Aussage «den Schlüssel zum Evangelium für den modernen Menschen gefunden» (20) und dessen große «Geschichte der Leben-Jesu-Forschung» er intensiv studiert hatte.[8] Am Jesusbild Schweitzers beeindruckte ihn die Betonung der Menschlichkeit Jesu und seiner Bereitschaft, den Weg ans Kreuz in freier Hingabe und als selbstgewähltes Opfer zu gehen, auch ohne von den Seinen verstanden zu werden. Es ist ein ernstes, ja herbes Jesusbild, wie folgende Ausschnitte aus den «Christusmeditationen» zeigen: «Ein junger Mann, streng in seiner Lebenshingabe. Der ihm am nächsten war, berichtet, dass er an seinem letzten Abend vom Mahl aufstand, sein Gewand ablegte und die Füße seiner Gefährten und Begleiter wusch – ein junger, strenger Mann, einsam vor seinem endgültigen Geschick ... Er wusste, dass keiner der Gefährten einsah, warum er so handeln musste, wie er es tat. Er verstand, wie verängstigt sie sein würden und wie sie zweifeln würden ...

Er setzte auf eine Möglichkeit seines Wesens und seines Schicksals, die er erahnt hatte, als er aus der Wüste zurückkam. Wenn Gott etwas vorhatte mit ihm, würde er nicht versagen. Erst seit kurzem glaubte er klarer zu sehen und hatte verstanden, dass der Weg der Möglichkeit der des Leidens sein könne. Wissend indessen, dass er ihm folgen müsse, zweifelnd, ob er ‹derjenige, welcher› sei, war er sich klar, dass die Antwort nur gefunden werden konnte, wenn er dem Weg der Möglichkeit folgte.» (89)

Hammarskjöld sieht den Weg Jesu «wie eine Folie unter seinem eigenen Lebensweg»[9]. In der Tat sind die Jahre 1950–1954 die Entscheidungsjahre. Schon mitten im Jahr 1951, also im Jahr der eben zitierten «Christusmeditationen», blitzt ihm die Erkenntnis auf, dass Ichbefreiung und Sinnerfüllung nur von einem jenseitigen Punkt aus zu haben sind:

«Jetzt. Da ich die Furcht überwunden – vor den anderen, vor mir, vor dem Dunkel darunter – an der Grenze des Unerhörten: Hier endet das

Bekannte. Aber vom Jenseits her erfüllt etwas mein Wesen mit seines Ursprungs Möglichkeit. Hier wird Begehren zu Offenheit gereinigt: jedes Handeln Vorbereitung, jede Wahl ein Ja dem Unbekannten.» (95)

Am Ende der Nacht angekommen

Die Aufzeichnungen des Jahres 1952 hinterlassen den Eindruck, dass Hammarskjöld nun am Ende der Nacht angekommen ist. «Immer öfter verwandeln sich die Eintragungen in Gebete und Gebetsaufrufe, immer verzweifelter wird das Sinnverlangen, immer auswegloser umzingelt die Todesfrage.»[10] Zu Beginn des Jahres notiert er:

«Wie lang ist der Weg. Aber wie nötig hatte ich nicht die Zeit, die er schon dafür brauchte, mir beizubringen, wo er – vorbeiläuft.

‹Weiter werde ich geführt.› Ja, ja – aber warst du nicht blind für die Chancen?

‹Dein Wille geschehe.›» (99)

Gelegentlich durchdringt ihn nun ein Gefühl von Wärme und Kraft:

«Wenn einen die Arbeitsgedanken loslassen, dieses Erlebnis von Licht, Wärme und Kraft. Von außen – . Ein tragendes Element wie die Luft für den Segelflieger, das Wasser für den Schwimmer. Mich durchschwebt die Vision von einem seelischen Kraftfeld, geschaffen in einem ständigen Jetzt von den vielen, in Wort und Taten ständig Betenden, im heiligen Willen Lebenden. ‹Die Gemeinschaft der Heiligen› und – in dieser – ein ewiges Leben.» (102)

Es ist der verheißungsvolle Schluss des sogenannten «Apostolischen Glaubensbekenntnisses» aus den ersten Jahrhunderten der christlichen Kirche, auf den Hammarskjöld hier anspielt. Trotz solcher Erfahrungen von Licht, Wärme und Kraft bedrängt ihn aber immer wieder das Gefühl der Einsamkeit. So heißt es schon auf der nächsten Seite des Tagebuchs:

«Bete, dass deine Einsamkeit der Stachel werde, etwas zu finden, wofür du leben kannst, und groß genug, um dafür zu sterben.» (103)

Diese Einsamkeit kann gelegentlich so bedrängend werden, dass er mit der Versuchung zur Flucht aus dem Leben kämpfen muss, wie die anschließenden Zeilen zeigen:

«Müdigkeit betäubt den Schmerz und lockt mit dem Tod. So kannst du suchen, die Einsamkeit zu überwinden – eingeladen schließlich zur Flucht aus dem Leben. – Dies nicht! Der Tod mag deine abschließende Gabe ans Leben sein, nicht ein Betrug.» (103)

Einbruch Gottes

Man muss diese dunkle Nacht bis an den Rand der Verzweiflung mit Hammarskjöld innerlich durchlitten haben, um nun auch den unermesslichen Jubel nachvollziehen zu können, mit dem er jenes Ereignis festhält, wo Gott selbst «gleichsam für eine Sekunde aus seiner unerbittlichen Verborgenheit heraustritt, um diesen Menschen in seiner ratlosen Verlassenheit anzurühren und sein Ich durch diese einzige Berührung vollständig zu verwandeln»[11]. Dabei ist es wohl kein Zufall, dass dieser innere Durchbruch zeitlich beinahe zusammenfällt mit seiner Berufung zum UN-Generalsekretär. So wird das äußere Ereignis für Hammarskjöld gleichsam zur Bestätigung des inneren Geschehens. Seine Sinnsuche und seine Bereitschaft zum Opfer haben nun ihr konkretes Ziel gefunden.

Die Eintragungen des Jahres 1953 beginnen denn auch mit den lapidaren Worten:

«Dem Vergangenen: Dank, dem Kommenden: Ja!» (105)

Ihnen folgen Aussagen, die von freudiger Gewissheit erfüllt sind:

«Wenn Gott handelt, geschieht es in den entscheidenden Augenblicken – so wie jetzt – mit einer harten Zielbewusstheit ... Wenn die Zeit reif ist, nimmt er das Seine. Was aber hast *du* zu sagen – du bist ja erhört. Gott braucht dich, auch wenn dir das im Augenblick nicht passt ...

So kam er denn wirklich – der Tag, da die Sorge klein ward. Weil das Schwere, das mich traf, bedeutungslos war im Licht der Forderung, die Gott an mich stellte. Aber wie schwer zu fühlen, dass dies auch – und eben deshalb – der Tag war, da die Freude groß wurde.» (105)

Und dann die gewichtigen Worte:

«Nicht ich, sondern Gott in mir.» (106)

Es ist die Sprache der Mystik, zu der Hammarskjöld hier seine Zuflucht nimmt, wie sie sich schon bei Paulus findet, wenn er im Galaterbrief von sich bekennt: «Nicht mehr ich lebe, sondern Christus lebt in mir.» (Gal 2,20) Wie alle, denen solches widerfahren ist, kann auch Hammarskjöld das Wie dieses überwältigenden Geschehens nicht beschreiben. Jahre später, am 26. September 1957, dem Tag seiner einstimmigen Wiederwahl zum UN-Generalsekretär, vertraut er seinem Tagebuch den wohl stärksten Satz an, den er je geschrieben hat. In ihm bricht die Erfahrung von 1953 jäh durch:

«Einmal packtest du mich, Schleuderer, *jetzt* in deinem Sturm.
Jetzt gegen dein Ziel.» (159)

Gott als Schleuderer – welch ein Kontrast zur geläufigen verharmlosenden Rede vom «lieben Gott», die Gefahr läuft, Gott zum weichen Ruhekissen zu degradieren! Der Gott, den Hammarskjöld erfahren hat, der auch der Gott der Propheten Israels und der Gott Jesu ist, kann zwar auch «als Stimme verschwebenden Schweigens» (1 Kön 19,12) vernommen werden, wie sie Elija am Horeb erfuhr. Er kann aber auch «im wilden Sturm daherfahren», wie im «Schweizerpsalm» gesungen wird. Jedenfalls hat Hammarskjöld ihn in entscheidender Stunde so erfahren. Gottes Sturm hat ihn im Hier und Jetzt seiner Anwesenheit erfasst, reißt ihn nun vorwärts und schleudert ihn auf sein Ziel zu.

Vereinigung Gottes mit der Seele

Seit dieser Stunde versteht sich Hammarskjöld – wie die Mystiker – als Gefäß Gottes. So notiert er 1953:

«Ich bin das Gefäß. Gottes ist das Getränk. Und Gott der Dürstende.» (107)

Und im Jahr darauf schreibt er:

«Der Stolz des Bechers ist sein Getränk, seine Demut das Dienen. Was bedeuten da seine Mängel?» (109)

Nun fühlt er sich endlich frei:

«Frei sein, aufzustehen und alles zu lassen – ohne einen Blick zurück. *Ja* zu sagen –.» (107)

«Wenn ich fortfahren darf: fester, einfacher – schweigsamer, wärmer.» (108)

Der schwedische Dichter Sven Stolpe, ein Jugendfreund Hammarskjölds, berichtet, wie dieser nach seiner Berufung zum UN-Generalsekretär aufblühte und seinen alten Panzer sprengte. Er war nun «warm, voll Liebe, offen und leuchtend ... Er hatte sein Raffinement abgelegt, er hatte mit seinem Narzissmus gebrochen, er war ... von einer neuen Gewissheit, einer neuen Liebe erfüllt.»[12]

Im Rückblick auf den langen und schmerzlichen Weg seiner Sinn- und Gottsuche kommt sich Hammarskjöld wie einer vor, der mit Blindheit geschlagen war und nun davon befreit wurde:

«So sah ich, dass es die Mauer nie gegeben hatte, dass ‹das Unerhörte› hier und dieses ist, nicht ein anderes ...» (110)

«All die Zeit hätte ich wissen müssen, dass es dort sei, hätte ich die Binde nicht vor den Augen gehabt.» (118)

Dieser Wandel schlägt sich im Tagebuch nun auch in der Art und Weise nieder, wie von Gott die Rede ist. Bis zur entscheidenden Wende von 1953 sprach Hammarskjöld nur höchst selten von «Gott». Er redete von ihm in apersonalen und abstrakten Begriffen und Bildern. Gott war ihm «das Unerhörte», etwas, «was mehr ist als ich», «das Schicksal», «ein Anderes», «ein Etwas». Nun finden sich gehäuft personale Gottesbezeichnungen, wobei die Zitate aus der Bibel, vor allem den Psalmen, sprunghaft zunehmen. Die Gottesanrede wandelt sich vom «Er» der dritten Person in das «Du» einer unmittelbaren Zuwendung.[13]

Ja, es taucht bei ihm nun das Bild von der «Vereinigung Gottes mit der Seele» auf, das er in Umkehrung der in der mystischen Sprache geläufigen Formel von der «Vereinigung der Seele mit Gott» braucht, um so den unbedingten Vorrang der Initiative Gottes in diesem Geschehen deutlich zu machen.[14] Er erfährt Gott nun nicht mehr bloß als eine Wirklichkeit über ihm und vor ihm, sondern auch in ihm. Zunehmend spricht er ihn in spezifisch christlicher Weise als dreifaltiges Geheimnis an (112, 114), am deutlichsten in einem kurzen Gebet, mit dem er die Eintragungen des Jahres 1956 beginnt:

«Vor *dir, Vater,*
in Gerechtigkeit und Demut,
mit *dir, Bruder,*
in Treue und Mut,
in *dir, Geist,*
in Stille.» (131)

Glaubensmystik

Die «Vereinigung Gottes mit der Seele» ersetzt nicht den Glauben, wie es eine vordergründige Erlebnismystik oft nahelegt, sondern sie vollzieht sich im Glauben, «en una noche oscura», «in einer dunklen Nacht», wie Hammarskjöld im Anschluss an den spanischen Mystiker Johannes vom Kreuz schreibt. Diese «Glaubens-Nacht» kann sich sogar zur «Gethsemane-Nacht» verdunkeln:

«Es geschieht in der Gethsemane-Nacht, wenn die letzten Freunde schlafen, alle anderen deinen Untergang suchen *und Gott schweigt,* dass die Vereinigung sich vollzieht.» (110)

1955 schreibt Hammarskjöld von den «Märtyrern des Glaubens» und meint zu ihrer Bedeutung für die heutige Gesellschaft:

«Wie sollte die Anstandsmoral der Vernunft – und der Allgemeinheit – Gestalt gewonnen haben ohne die Märtyrer des Glaubens? Mehr noch: wie sollte diese Moral dem Einschrumpfen entgehen ohne jene Erneuerung, jenen Zustrom an Kraft, die von dem ausgeht, der sich in Gott verlor? Das Seil über dem Abgrund wird von denen gespannt, die es am Himmel festmachen – durch Treue zu einem Glauben, der ständiges, äußerstes Opfer *ist.* Wer durch «Gottes Vereinigung mit der Seele» verurteilt ist, Salz der Erde zu sein – weh ihm, wenn er sein Salz verscherzt.» (116)

Hammarskjöld weiß um die Gefahr, die auch ihm selber droht, wenn er sich aus dieser «Vereinigung mit Gott» löst und wieder sich selber wählt:

«So wähltest du von neuem dich selbst – und öffnetest dem Chaos das Tor. Jenem Chaos, das du bist, wenn Gottes Hand nicht auf deinem Haupt ruht. Wer einmal unter Gottes Hand war, hat seine Unschuld verloren: er allein kennt die furchtbare Sprengkraft der Nachgiebigkeit. Aber wie stark ist er in der Sammlung, außerhalb und über, die er gewinnt, wenn Gott darum in ihm ist, weil er in Gott ist. Stark und frei, weil er selbst nicht mehr ist.» (116)

Weihnachtliche Gottesgeburt

Am Weihnachtstag 1955 hält Hammarskjöld folgenden Traum fest:

«So ging ich im Traum mit Gott durch die Wesenstiefe: Wände wichen zurück, geöffnete Tore, Saal nach Saal voll Schweigen und Dunkel und Kühle – von der Seelen Vertrautheit und Licht und Wärme – bis um mich Grenzenlosigkeit war, worin wir alle zusammenfluteten und weiterlebten wie Ringe nach fallenden Tropfen auf weite, ruhige, dunkle Wasser.» (127)

Der Abstieg mit Gott in die eigene Wesenstiefe führt aber nicht von der Welt und ihren Aufgaben weg, sondern im Gegenteil: Er verhilft zu einem wachen Da-Sein in ihr. Christliche Mystik ist keine weltlose Versenkungs- oder gar Verschmelzungsmystik, sondern eine weltzugewandte Mystik der Tat, eine «Mystik der offenen Augen». So hält Hammarskjöld Ende 1955 klar und unmissverständlich fest:

«Das ‹mystische Erlebnis›. Jederzeit: *hier* und *jetzt* – in Freiheit, die Distanz ist, in Schweigen, das aus Stille kommt. Jedoch – diese Freiheit ist eine Freiheit unter Tätigen, die Stille eine Stille zwischen Menschen. Das Mysterium ist ständig Wirklichkeit bei dem, der inmitten der Welt frei von sich selber ist: Wirklichkeit in ruhiger Reife unter des Bejahens hinnehmender Aufmerksamkeit. Der Weg zur Heiligung (zur Heilung) geht in unserer Zeit notwendig über das Handeln.» (129)

Solche Sätze atmen den Geist Meister Eckharts. Sie machen deutlich, dass der von sich frei gewordene Mensch fähig wird, in dieser Welt Gottes Werkzeug zu sein. So hält Hammarskjöld nach der erfolgreichen Bewältigung der Suezkrise am Weihnachtsabend 1956 fest:

«Dein eigener Einsatz bewirkte das nicht, nur Gott – doch freue dich, dass Gott deinen Einsatz brauchte in seinem Werk. Freue dich, wenn du fühlst, dass, was du tatest, notwendig war, doch erkenne, dass du auch so nur ein Werkzeug warst für ihn, der durch dich ein Stückchen zu dem Ganzen fügte, das er gestaltet zu seinem Ziel.» (147)

Am darauffolgenden Weihnachtstag findet sich dann das berühmte Bild von der «ewigen Geburt» bzw. der Gottesgeburt:

«Von der ‹ewigen Geburt› – damit ist jetzt für mich alles gesagt, was ich lernte und lernen muss.» (147)

Und wörtlich aus den Predigten Meister Eckharts zitierend fährt er fort:

«So muss die Seele, in der die Geburt geschehen soll, gar vornehm leben: ganz einig und ganz innen. – Ein auferhobenes Gemüt musst du haben, ein *brennendes* Gemüt, in dem doch eine ungetrübte *schweigende* Stille herrscht.» (147)

Geheimnis der Gottesgeburt in schweigender Stille, im Schweigen der Nacht, der Weih-Nacht! Aber auch der Gethsemane-Nacht, «wenn die letzten Freunde schlafen … und Gott schweigt». (110)

Wie der Weg Jesu, des «Helden der Evangelien», nicht in Bethlehem endete, sondern auf Golgatha, so reifte in Hammarskjöld immer mehr die Einsicht, dass seine Berufung auch von ihm das Opfer des Lebens fordern könnte. Schon 1953 notierte er:

«Dass der Weg der Berufung auf dem Kreuz endet, weiß, wer sich seinem Schicksal unterstellt hat – auch wenn dieser Weg durch den Jubel von Genezareth führt und durch die Triumphpforte von Jerusalem.» (107)

Von 1960 an finden sich im Tagebuch immer wieder zum Teil schwer zu deutende Opfer- und Todesvisionen, einige in Form von Gedichten.

Ostern 1960 lesen wir:

«Der Preis für deine eigene Befreiung durch eines anderen Opfer ist, dass du selber willig bist, auf die gleiche Weise zu befreien, ungeachtet des Einsatzes.» (191)

In der unmittelbar darauf folgenden Eintragung vom Weihnachtsabend 1960 hält Hammarskjöld fest:

«Für den Vorausblickenden ist Golgatha der Platz für die Krippe und das Kreuz schon in Bethlehem errichtet.» (191)

Ein Untergang, der Triumph ist

In der berühmten Meditation zu Pfingsten 1961, die man geradezu als Hammarskjölds spirituelles Credo bezeichnen könnte, schreibt er im Rückblick auf die entscheidenden Stationen seines spirituellen Weges:

«Ich weiß nicht, wer – oder was – die Frage stellte. Ich weiß nicht, wann sie gestellt wurde. Ich weiß nicht, ob ich antwortete. Aber einmal antwortete ich *ja* zu jemandem – oder zu etwas. – Von dieser Stunde her rührt die Gewissheit, dass das Dasein sinnvoll ist und dass darum mein Leben, in Unterwerfung, ein Ziel hat. – Seit dieser Stunde habe ich gewusst, was das heißt, ‹nicht hinter sich zu schauen›, ‹nicht für den anderen Tag zu sorgen›.

Geleitet durch das Lebenslabyrinth vom Ariadnefaden der Antwort, erreichte ich eine Zeit und einen Ort, wo ich wusste, dass der Weg zu einem Triumph führt, der Untergang, und zu einem Untergang, der Triumph ist; dass der Preis für den Lebenseinsatz Schmähung und dass tiefste Erniedrigung die Erhöhung bedeutet, die dem Menschen möglich ist ...» (196)

In den letzten Jahren seines Dienstes als UN-Generalsekretär häuften sich die Anfeindungen und Verunglimpfungen durch seine politischen Gegner, deren egoistischen Interessen er nur zu oft im Wege stand. Im Sommer 1961 fühlte er sich wie ausgebrannt. Die Kongokrise bereitete ihm schlaflose Nächte und trieb ihn an die Grenzen seiner physischen und psychischen Kräfte. Ausdruck davon sind die bewegenden Verse, die sich unter dem 6. Juli 1961 finden:

«Müde
und einsam.
Müde,
bis der Verstand schmerzt.
Von den Klippen
rinnt Schmelzwasser.
Taub die Finger,
bebend die Knie.
Jetzt gilt es,
jetzt darfst du nicht loslassen.» (202)

Darauf folgt eine Eintragung vom 19. Juli 1961. Sie enthält drei Gebete. Das erste ist eine Bitte um Erbarmen. In ihr klingen noch einmal alle ethischen und spirituellen Grundhaltungen an, die Leben und Wirken Dag Hammarskjölds prägten:

> *«Erbarme dich*
> *unser.*
> *Erbarme dich*
> *unseres Strebens,*
> *dass wir*
> *vor dir,*
> *in Liebe und Glauben,*
> *Gerechtigkeit und Demut*
> *dir folgen mögen,*
> *in Selbstzucht und Treue und Mut*
> *und in Stille*
> *dir begegnen.» (203)*

Im zweiten Gebet, seinem bekanntesten, bittet er um einen «reinen Geist»:[15]

> *«Gib uns*
> *reinen Geist,*
> *damit wir dich sehen,*
> *demütigen Geist,*
> *damit wir dich hören,*
> *liebenden Geist,*
> *damit wir dir dienen,*
> *gläubigen Geist,*
> *damit wir dich leben.» (203)*

Das dritte Gebet ist wohl das innigste und ergreifendste des ganzen Tagebuchs. Es ist ein einziger Flehruf zum Du eines Gottes, den er nicht versteht, dem er aber doch zugehört:

«Du,
den ich nicht kenne,
dem ich doch zugehöre.
Du,
den ich nicht verstehe,
der dennoch mich weihte
meinem Geschick.
Du – » (203)

Umrisse eines neuen Landes

Der letzte Eintrag des Tagebuchs findet sich unter dem 24. August 1961, also dreieinhalb Wochen vor seinem gewaltsamen Tod.[16] Wie die erste Eintragung aus dem Jahr 1925 ist auch diese letzte ein Gedicht. Und wie jenes erste Gedicht entwirft auch dieses das Motiv eines spirituellen Weges, genauer einer spirituellen Bergbesteigung. So schließt sich der Kreis.

Doch nun befindet sich Hammarskjöld nicht mehr am Fuß des Berges, sondern nähert sich seinem Gipfel. Durch die Todesahnung hindurch fällt schon der Schein von drüben, werden die Umrisse eines neuen Landes sichtbar. Die Gottesgeburt scheint in ihm vor dem endgültigen Durchbruch zu stehen:

«Ist dies Neuland
in anderer Wirklichkeit
als der des Tages?
Oder lebte ich da
vor diesem Tag?

Erwachte.
Eines gewöhnlichen Morgens Graulicht
von der Straße gespiegelt,
erwachte –
von der dunkelblauen Nacht
über der Baumgrenze
mit Mondschein auf der Heide,
die Kämme im Schatten.
Gedachte
anderer Träume,
gedachte
gleichen Gebirges:
zweimal war ich auf den Kämmen,
ich wohnte am innersten See
und folgte dem Strom
zu den Quellen.
Jahreszeiten wechseln
und Licht
und Wetter
und Stunde.
Aber es ist das gleiche Land.
Und ich beginne die Karte zu kennen,
die Himmelsrichtungen.» (208)

1906–1945
Dietrich Bonhoeffer

«Wie einen Ahnungslosen hast Du mich gefasst»

«Christentum bedeutet Entscheidung.» (9,485)[1] Mit diesem von jugendlichem Pathos erfüllten Satz eröffnete der neunzehnjährige Student der evangelischen Theologie Dietrich Bonhoeffer seine erste Predigt. Er wird zu diesem Zeitpunkt wohl «kaum geahnt haben, in welchem Maße das Wort Entscheidung zu einem zentralen Begriff seines Lebens und seiner Theologie werden» sollte.[2] In vieles ist er erst «durch die Umstände der Zeit und die Zustände in der Kirche ... Schritt für Schritt hineingeraten».[3] Auch ihm hat sich sein Glaubensweg nur nach und nach erschlossen, und seinen Entscheidungen ging jeweils ein intensives inneres Ringen voraus. Daraus ist «seine manchmal übergroße Bedenklichkeit» ebenso zu verstehen wie «seine Gewissheit, hinter eine Entscheidung nicht mehr zurück zu können».[4] Im Folgenden soll nun Bonhoeffers Ringen um den ihm gemäßen und von Gott «gegebenen Ort»[5] seines Lebens und Wirkens nachgezeichnet werden.[6]

Frühe Entscheidung zum Theologiestudium

Dietrich Bonhoeffer kam aus einer großbürgerlichen Familie. Er wurde am 4. Februar 1906 als sechstes von acht Geschwistern in Breslau geboren. Sein Vater war dort Professor für Psychiatrie und Neurologie, bis er 1912 nach Berlin berufen wurde. Die Mutter entstammte einer alten Theologenfamilie. Als eine der ersten Frauen absolvierte sie die Lehrerinnenausbildung. Sie unterrichtete ihre Kinder teilweise selbst und erteilte ihnen auch den Religionsunterricht. Zur institutionellen Kirche hatte man so gut wie keinen Bezug, und man nahm auch kaum am Gemeindegottesdienst teil. In der Familie pflegte man ein enges und vertrauensvolles Verhältnis zueinander. Einen besonderen Stellenwert besaß das gemeinsame Musizieren. Dietrich wurde ein ausgezeichneter Pianist, so dass man erwog, ihn zum Musiker ausbilden zu lassen. Es löste daher Verwunderung, ja Enttäuschung aus, als er mit dreizehn Jahren zum ersten Mal den Wunsch äußerte, Theologie zu studieren. Ein Grund dafür mag der frühe Tod seines zweitältesten Bruders gewesen sein, der im April 1918 an der Front gefallen war und dessen Verlust die Familie tief erschütterte. Hinzu kam ein elementarer Drang Bonhoeffers nach Selbständigkeit, die er durch die Wahl dieses Studiums den älteren Geschwistern gegenüber beweisen konnte.

«Ich fange an, den Begriff ‹Kirche› zu verstehen»

Im Frühjahr 1923 begann Dietrich Bonhoeffer sein Theologiestudium in Tübingen. Doch schon nach zwei Semestern entschloss er sich zur Rückkehr nach Berlin. Zuvor jedoch unternahm er eine zweimonatige Reise nach Italien. In Rom machte er eine Erfahrung, die ihn zeitlebens prägen sollte. Erstmals trat das Phänomen Kirche in sein Gesichtsfeld – in Gestalt der römisch-katholischen Kirche. Es war vor allem das Erlebnis ihrer Universalität und ihrer Liturgie, die ihn faszinierten. In seinem Tagebuch hielt er fest: «Ich fange, glaube ich, an, den Begriff ‹Kirche› zu verstehen.» (9,89) Dieser Eindruck ging so tief, dass er sich entschloss, die Kirche zum Thema seiner theologischen Dissertation zu machen. Schon 1927, mit erst 21 Jahren, reichte er diese unter dem Titel «Sanctorum Communio – Gemeinschaft der Heiligen» (DBW 1) ein. Darin zeigte er die grundsätzlich soziale Ausrichtung des Menschen und des christlichen Glaubens auf. Man kann nicht für sich selbst Christ sein, sondern nur in der Gemeinschaft der Glaubenden. In der Kirche, in ihrer Predigt, ihren Sakramenten und im Nächsten begegnet dem Menschen Jesus Christus. Bonhoeffer prägte dafür die berühmt gewordene Formel, die Kirche sei «Christus als Gemeinde existierend» (1,87).

Auslandsvikariat in Barcelona und Habilitation

Obwohl Bonhoeffer mit der Promotion der Weg zu einer akademischen Laufbahn offenstand, entschied er sich dafür, auch die kirchliche Ausbildung zu absolvieren. Er wollte sich sowohl die akademische wie die kirchliche Berufsperspektive offenhalten. So hielt er schon während der Arbeit an seiner Dissertation Kindergottesdienste. Dies galt als Voraussetzung für die Erlangung des Ersten Theologischen Examens vor dem Prüfungsamt seiner Kirche. Von Februar 1928 bis Februar 1929 absolvierte er ein Vikariat in der deutschen evangelischen Auslandsgemeinde in Barcelona. Die Zeit dort wurde für ihn zur ersten Begegnung mit der ökumenischen Christenheit. «Ihm wurde hier zum ersten Mal deutlich, dass die christliche Kirche keine nationale, sondern eine weltweite Größe ist – eine Einsicht, die für seinen Einsatz in der ökumenischen Bewegung wenige Jahre später, sein Friedensengagement und seine Kritik am völkischen Denken der Deutschen Christen richtungweisend sein sollte.»[7] In Barcelona lernte er zudem einen Gegensatz zwischen Armen und Reichen kennen, wie er ihm bisher noch nie so augenfällig begegnet war. Dies schärfte seinen Blick für ethische und soziale Fragen.

Nach seiner Rückkehr aus Barcelona im Februar 1929 entschied sich Bonhoeffer dazu, das Zweite Theologische Examen vorzubereiten und zugleich an einer Habilitationsschrift zu arbeiten, um sich für die Bewerbung auf eine Professur zu qualifizieren. Schon im Sommer 1930 – er war jetzt erst 24 Jahre alt – schloss er sein Theologiestudium mit der Habilitation ab.

Studienjahr in New York

Da Bonhoeffer für die Ordination zum Pfarrer noch zu jung war, nahm er das Angebot eines Stipendiums für ein Studienjahr am Union Theological Seminary in New York wahr. Das Leben in diesem Seminar empfand er als sehr anregend und es vermittelte ihm bleibende Freundschaften. Die dort gelehrte Theologie aber und die kirchliche Landschaft in den USA enttäuschten ihn. «Man kann in New York fast über alles predigen hören, nur über eines nicht oder doch so selten, dass es mir jedenfalls nicht gelungen ist, es zu hören, nämlich über das Evangelium Jesu Christi.» (10,272) So besuchte er bevorzugt Veranstaltungen mit ethischen Themen und befasste sich intensiv mit dem geistlichen Leben und den gesellschaftlichen Problemen der Schwarzen. Er war beeindruckt von ihrer «religiösen Kraft und Ursprünglichkeit» (10,221). Die persönlichen Begegnungen mit ihnen bezeichnete er als eines der «entscheidendsten und erfreulichsten Ereignisse» (10,274) seines Amerikajahres. Umso schmerzlicher war für ihn die erstmalige Konfrontation mit dem Übel rassistischer Ideologien. Die Art, mit der die Südstaatler über die Schwarzen redeten, empfand er als «einfach widerwärtig und die Pastoren sind da in nichts besser als die anderen». (10,224) Es sollte nicht mehr lange dauern, und er wird sich mit diesem Übel auch in seiner Heimat auseinanderzusetzen haben.

Engagement in Universität und ökumenischer Bewegung

Zurückgekehrt nach Deutschland nahm Bonhoeffer im Herbst 1931 seine Lehrtätigkeit als Privatdozent an der Berliner Theologischen Fakultät auf. Am 15. November des gleichen Jahres wurde er ordiniert. Neben seiner Dozententätigkeit hatte er auch das neu errichtete Studentenpfarramt an der Technischen Hochschule zu übernehmen. Hier bekam er es mit jungen Menschen zu tun, die der Kirche vollkommen entfremdet waren und ihn erstmals hautnah mit dem Problem einer säkularisierten Welt konfrontierten. Im Brief an einen Oberkirchenrat stellte er die grundsätzliche Frage: «Ob unsere Zeit vorüber und das Evangelium einem anderen Volk gegeben ist, vielleicht gepredigt mit ganz anderen Worten und Taten? ... Ich bin jetzt Studentenpfarrer an der Technischen Hochschule, wie soll man diesen Menschen solche Dinge predigen? Wer glaubt denn das noch? Die Unsichtbarkeit macht uns kaputt. Wenn wirs nicht in unserem persönlichen Leben sehen können, dass Christus da war, dann wollen wirs wenigstens in Indien sehen, aber dies wahnwitzige, dauernde Zurückgeworfenwerden auf den unsichtbaren Gott selbst – das kann doch kein Mensch mehr aushalten.» (11,33) Der Plan einer Indienreise mit einem Besuch bei Gandhi taucht bei Bonhoeffer zu dieser Zeit mehrfach auf. Er erhoffte sich, dabei neue Formen des Gemeinschaftslebens kennenzulernen, die ihn bei seiner eigenen Suche nach alternativen Gestalten lebendiger christlicher Gemeinschaft hätten inspirieren können. Doch daraus wurde trotz einer Einladung Gandhis nichts. (Vgl. 5,165)

Zum Studentenpfarramt kam im Rahmen der kirchlichen Tätigkeit Bonhoeffers noch der Konfirmandenunterricht in einem Arbeiterbezirk hinzu, den er als «so ungefähr die tollste Gegend von Berlin, mit den schwierigsten sozialen und politischen Verhältnissen» (11,50) bezeichnete. Als ob diese vielfältigen Verpflichtungen nicht schon genügt hätten, übertrug man ihm noch verschiedene Ämter in der ökumenischen Bewegung. Durch seine Auslandsaufenthalte war er dafür geradezu prädestiniert. Im September 1931 wurde er zum Jugendsekretär des «Weltbundes für internationale Freundschaftsarbeit der Kirchen» gewählt. In dieser Eigenschaft nahm er an zahlreichen ökumenischen Treffen im In- und Ausland teil. Die Situation des Weltbundes war allerdings nicht einfach. Der in Deutschland und Frankreich sich gerade auch in der Jugend erschreckend ausbreitende Nationalismus stellte die ökumenische Arbeit grundsätzlich in Frage. Bonhoeffer war jedoch überzeugt, dass «die Kirche allein der Boden sein kann, auf dem das sonst so fragwürdige internationale Gespräch offen und sachlich geführt werden kann». (11,362)

Was die Tätigkeit an der Berliner Theologischen Fakultät betrifft, fühlte sich Bonhoeffer nicht besonders wohl. Die Fakultät war einst eine Hochburg jener liberalen Theologie, der Karl Barth und die sogenannte Dialektische Theologie den Kampf angesagt hatten. Man wusste um die – wenn auch kritische – Nähe Bonhoeffers zu Barth, und so betrachteten ihn die Kollegen als Außenseiter. Unter den Studierenden jedoch hatte Bonhoeffer bald einen stabilen Kreis von Hörerinnen und Hörern. Einer von ihnen beschrieb ihn so: «Er selber sah aus wie ein Student, wenn er aufs Katheder stieg; aber dann fesselte, was er zu sagen hatte, uns alle derart stark, dass man nicht mehr um des sehr jungen Mannes willen kam, sondern um seiner vorgetragenen Sache willen – auch wenn es schrecklich früh am Morgen war. Ich habe nie eine Vorlesung gehört, die mich annähernd so beeindruckt hat wie diese.»[8] Aus dem Stamm der Studierenden entwickelte sich ein fester Kreis, der sich mit Bonhoeffer zu Diskussionsabenden, gemeinsamen Ausflügen und Wochenenden traf. Neben den Diskussionen über politische, soziale und kirchliche Probleme gehörten dazu auch tägliche Andachten, Bibelarbeiten, gemeinsames Singen, Spielen, Kochen und Sport. Einige seiner späteren Helfer im Predigerseminar und der Weggenossen im Kirchenkampf stammten aus dieser Runde.

«Wendung des Theologen zum Christen»

Irgendwann nach seiner Rückkehr aus den USA, noch vor 1933, muss es im Leben Bonhoeffers zu einer völligen Neuorientierung gekommen sein. Sein Freund und erster Biograf Eberhard Bethge spricht von einer «Wendung des Theologen zum Christen»[9]. Bonhoeffer scheint damals mit niemandem darüber gesprochen zu haben. Am rückhaltlosesten hat er sich zu dieser existenziellen Wende rückblickend in einem Brief an eine ihm nahestehende Freundin geäußert. Darin urteilt er sehr streng über seine Vergangenheit:

«Ich stürzte mich in die Arbeit in sehr unchristlicher und undemütiger Weise. Ein wahnsinniger Ehrgeiz, den manche an mir gemerkt haben, machte mir das Leben schwer und entzog mir die Liebe und das Vertrauen meiner Mitmenschen. Damals war ich furchtbar allein und mir selbst überlassen. Das war sehr schlimm. Dann kam etwas anderes, etwas, was mein Leben bis heute verändert hat und herumgeworfen hat. Ich kam zum ersten Mal zur Bibel. Das ist auch wieder schlimm zu sagen. Ich hatte schon oft gepredigt, ich hatte schon viel von der Kirche gesehen, darüber geredet und geschrieben – und ich war noch kein Christ geworden, sondern ganz wild und ungebändigt mein eigener Herr. Ich weiß, ich habe damals aus der Sache Jesu Christi einen Vorteil für mich selbst, für eine wahnsinnige Eitelkeit gemacht. Ich bitte Gott, dass das nie wieder so kommt. Ich hatte auch nie, oder doch sehr wenig gebetet. Ich war bei aller Verlassenheit ganz froh an mir selbst. Daraus hat mich die Bibel befreit und insbesondere die Bergpredigt. Seitdem ist alles anders geworden. Das habe ich deutlich gespürt und sogar andere Menschen um mich herum. Das war eine große Befreiung. Da wurde es mir klar, dass das Leben eines Dieners Jesu Christi der Kirche gehören muss und Schritt für Schritt wurde es deutlicher, wie weit das so sein muss. Dann kam die Not von 1933. Das hat mich darin bestärkt. Ich fand nun auch Menschen, die dieses Ziel mit mir ins Auge fassten. Es lag nun alles an der Erneuerung der Kirche und des Pfarrerstandes.» (14,112f.)

Beginnender Kirchenkampf

Diese existenzielle Veränderung Bonhoeffers fiel auch einem seiner amerikanischen Studienfreunde auf, als er ihn im Frühjahr 1933 in Berlin besuchte. «Er hatte die Einstellung seines Freundes zu Kirche und Gottesdienst in New York als recht locker empfunden. Jetzt fiel ihm auf, dass sie einem tiefen Ernst gewichen war.»[10] Ernst geworden war inzwischen auch die politische Lage in Deutschland. Am 30. Januar 1933 wurde Adolf Hitler vom Reichspräsidenten Paul von Hindenburg zum Reichskanzler ernannt. «Hitler versuchte, durch geschickte Verwendung christlich-religiöser Motive die Kirchen zu gewinnen und auch sonst den Eindruck zu erwecken, letztlich verfolge man die gleichen Anliegen und die Kirchen würden im neuen System Einfluss besitzen. Viele Kirchenvertreter erlagen diesen verlockenden Aussichten.»[11]

Bonhoeffer war fassungslos, als er sehen musste, «dass Pfarrer und Professoren, zu denen er aufsah, sich in ihrer ‹Treue zu Führer und Reich› von niemandem überbieten lassen wollten»[12]. 1932 wurde die «Glaubensbewegung Deutsche Christen» gegründet, eine Gruppierung innerhalb der evangelischen Landeskirchen, deren Ziel es war, nationalsozialistisches Gedankengut in die Kirche einzubringen. Ihren Richtlinien war unter anderem zu entnehmen: «Wir sehen in Rasse, Volkstum und Nation uns von Gott geschenkte und anvertraute Lebensordnungen, für deren Erhaltung zu sorgen, uns Gottes Gesetz ist ... In der Judenmission sehen wir eine schwere Gefahr für unser Volkstum. Sie ist das Eingangstor fremden Blutes in unseren Volkskörper ... Insbesondere ist die Eheschließung zwischen Deutschen und Juden zu verbieten.»[13]

Bald wurde auch der Wunsch nach einer einheitlichen, durch das Führerprinzip geordneten Reichskirche mit einem Reichsbischof an der Spitze laut. Unmittelbare Auswirkung auf das kirchliche Leben hatte jedoch zunächst das Vorhaben der Regierung, den sogenannten «Arierparagraphen» auch in der Kirche einzuführen, was bedeutete, dass alle Pfarrer jüdischer Herkunft aus dem kirchlichen Dienst zu entlassen wären. Durch dieses Ansinnen mischte sich der Staat in einer Weise in fundamentale kirchliche Angelegenheiten ein, die nach der Überzeugung

Bonhoeffers das Wesen der Kirche zerstörten. Er antwortete darauf im Juni 1933 mit dem Vortrag «Die Kirche vor der Judenfrage». Darin findet sich die berühmte Formulierung, eine letzte Möglichkeit kirchlichen Handelns gegenüber dem Staat könne darin bestehen, «nicht nur die Opfer unter dem Rad zu verbinden, sondern dem Rad selbst in die Speichen zu fallen». (12,353)

Bei den Kirchenwahlen vom 23. Juli 1933 erlangten die «Deutschen Christen» in den meisten evangelischen Landeskirchen die Mehrheit. Im September 1933 beschloss die «Braune Synode» – so genannt, weil zahlreiche Synodale in brauner Uniform antraten – den «Arierparagraphen» in der Kirche der Altpreußischen Union, zu der Bonhoeffer gehörte, einzuführen. Damit war für Bonhoeffer die Kirchenspaltung vollzogen. Als Reaktion darauf gründete er zusammen mit Martin Niemöller und anderen den «Pfarrernotbund», dem sich bis zum Ende des Jahres in Deutschland rund sechstausend evangelische Pfarrer anschlossen.

Erste Flucht: London

Für Bonhoeffers eigenen Lebensweg hatten diese Veränderungen weitreichende Konsequenzen. Er fühlte sich den Herausforderungen des nun voll entbrannten Kirchenkampfes nicht mehr gewachsen und in seinem Eintreten für klare Entscheidungen von den Freunden oft allein gelassen. So entschloss er sich, ab Oktober 1933 das ihm angebotene Pfarramt in zwei deutschen Auslandsgemeinden in London zu übernehmen. Nicht alle hatten jedoch Verständnis dafür, dass er sich nun aus Deutschland zurückzog, und auch er selber wusste, dass es eine Art Flucht war. Man hat diesen Schritt deshalb schon als «die erste Flucht in seinem Leben»[14] bezeichnet. Karl Barth schrieb ihm ungehalten: «Sie müssten jetzt nur das Eine bedenken, dass Sie ein Deutscher sind, dass das Haus Ihrer Kirche brennt, dass Sie genug wissen und was Sie wissen gut genug zu sagen wissen, um zur Hilfe befähigt zu sein und dass Sie im Grunde mit dem nächsten Schiff auf Ihren Posten zurückkehren müssten! Nun, sagen wir: mit dem übernächsten!» (13,33)

Von London aus verfolgte Bonhoeffer weiterhin aufmerksam die politische und kirchliche Entwicklung in Deutschland. Er forderte ein kirchliches Lehrzuchtverfahren, um die Theologie der «Deutschen Christen» endlich als häretisch zu erklären. Rasch gelang es ihm, Führungspersönlichkeiten der Ökumene umfassend über den Kirchenkampf in Deutschland zu informieren und sie zu deutlichen Stellungnahmen zu bewegen. Am wichtigsten wurde sein Kontakt zum Präsidenten des Ökumenischen Rates für Praktisches Christentum, dem anglikanischen Bischof von Chichester, George Bell, den er von den ökumenischen Konferenzen her kannte. Gerade angesichts einer möglichen Trennung der kirchlichen Opposition von der Reichskirche hielt Bonhoeffer die ökumenische Unterstützung für unerlässlich.

Predigt zu Jeremia 20,7

Im Januar 1934 spitzte sich die Lage für die Kirche in Deutschland zu. Es kam zu Bedrohungen und ersten Verhaftungen. Für den 25. Januar war ein Treffen der evangelischen Kirchenführer bei Hitler vorgesehen. Angesichts der Kompromissbereitschaft der oppositionellen Kirchenführer und ihres mangelnden politischen Mutes ahnte Bonhoeffer Schlimmes. So hielt er seiner Londoner Gemeinde am 21. Januar 1934 eine Predigt, deren Bezug zu den zeitgeschichtlichen Ereignissen nicht zu überhören war. Der von Bonhoeffer gewählte Schrifttext war Jeremia 20,7: «Herr, du hast mich überredet und ich habe mich überreden lassen. Du bist mir zu stark gewesen und hast gewonnen.» In dieser Predigt weiß man schon bald nicht mehr, ob Bonhoeffer hier von Jeremia oder von sich selbst spricht. «Die Konturen des prophetischen Auftrags an Jeremia und die erahnten Zumutungen für Bonhoeffer selbst erscheinen hier wie überblendet; sie sind nicht mehr scharf voneinander unterscheidbar.»[15]

Die Predigt beginnt in der dritten Person: «Jeremia hat sich nicht dazu gedrängt, Prophet Gottes zu werden … Er hat sich gewehrt, er wollte ausweichen … Aber auf der Flucht packt ihn, ergreift ihn das Wort, der Ruf; er kann sich nicht mehr entziehen … Phantast, Sturkopf, Friedensstörer,

Volksfeind hat man ihn gescholten, hat man zu allen Zeiten bis heute die gescholten, die von Gott besessen und gefasst waren, denen Gott zu stark geworden war.»

Die Mitte der Predigt bildet ein langes Gebet in der Ich-Form, in dem sich Bonhoeffer auf geradezu dramatische Weise mit dem Geschick Jeremias identifiziert: «Herr, du hast mich überredet und ich habe mich überreden lassen. Wie einen Ahnungslosen hast du mich gefasst – und nun kann ich nicht mehr von dir los, nun schleppst du mich davon als deine Beute … Konnten wir es wissen, dass deine Liebe so weh tut, dass deine Gnade so hart ist? Du bist mir zu stark geworden und hast gewonnen … Da konnte ich nicht mehr zurück, da war die Entscheidung über mein Leben gefallen. Nicht ich habe entschieden, du hast entschieden. Du hast mich an dich gebunden auf Gedeih und Verderb. Gott, warum bist du uns so furchtbar nahe?» (13,347 ff.)

Erstaunlicherweise hat man in der Bonhoefferforschung die biografische Dimension dieser Predigt lange kaum beachtet.[16] Sie ist «ein persönliches Zeugnis eines Lebens, wie es bei Bonhoeffer in solcher Plastizität nur an dieser Stelle vorkommt»[17]. Liest man einzelne Passagen dieser Predigt im Wissen um Bonhoeffers Vorliebe für den Propheten Jeremia und in Kenntnis seines prophetischen Weges «in die Verschwörung und in den Tod, dann wird mehr und mehr deutlich, dass in der Figur des Propheten Jeremia Bonhoeffer hier tief und entscheidend von sich spricht»[18].

In der «Bekennenden Kirche»

Bonhoeffers Befürchtungen hinsichtlich des Treffens der evangelischen Kirchenführer mit Hitler vom 25. Januar 1934 wurden weit übertroffen. Die Versammlung stellte sich geschlossen hinter Reichsbischof Ludwig Müller und erklärte sich gewillt, die von ihm erlassenen Maßnahmen und Verordnungen durchzuführen. Als Reaktion darauf erklärte sich die kirchliche Opposition am 22. April zur rechtmäßigen Evangelischen Kirche Deutschlands und berief auf den 29. Mai eine gesamtdeutsche Bekenntnissynode nach Wuppertal-Barmen ein. Diese Synode gilt als Gründungsdatum der «Bekennenden Kirche». Sie verabschiedete die berühmte «Barmer Theologische Erklärung». In sechs Artikeln hielt sie fest, wozu sie sich bekannte, und verwarf die Lehren der «Deutschen Christen» als Irrlehren. Auf einer zweiten Synode in Berlin-Dahlem vom 20. Oktober rief sie ein kirchliches Notrecht aus und bestellte eigene Leitungsorgane, weil man nicht mehr bereit war, von einer für häretisch erklärten Kirchenleitung Weisungen entgegenzunehmen.

Bonhoeffer begrüßte die Gründung der «Bekennenden Kirche» und die Barmer Erklärung. In ihnen hatte er seine Kirche wiedergefunden. Im April 1935 kehrte er nach Deutschland zurück, um, gebeten vom «Bruderrat der Bekennenden Kirche», Leiter eines der fünf neugegründeten Predigerseminare zu werden. Kurz zuvor hatte er in England noch eine Reihe von christlichen Kommunitäten und Ausbildungsseminaren besucht, um Anregungen für neue Formen kirchlichen Lebens zu sammeln. In einem Brief bekannte er: «An die Universität glaube ich nicht mehr, habe ja eigentlich nie daran geglaubt – zu Ihrem Ärger. Die gesamte Ausbildung des Theologienachwuchses gehört heute in kirchlich-klösterliche Schulen, in denen die reine Lehre, die Bergpredigt und der Kultus ernstgenommen wird – was gerade alles drei auf der Universität nicht der Fall ist und unter gegenwärtigen Umständen unmöglich ist.» (13,204)

Leiter des Predigerseminars Finkenwalde

In Finkenwalde bei Stettin, wo das von Bonhoeffer geleitete Predigerseminar nach kurzer Zeit seine Bleibe gefunden hatte, ging es um die Entscheidung der Kandidaten für eine Kirche, die vom Staat nicht anerkannt, sondern verfolgt wurde. Wer sich für sie entschloss, verzichtete damit auf eine gesicherte Anstellung in der Reichskirche. Die Kurse – es wurden insgesamt ihrer fünf – dauerten jeweils ein halbes Jahr, die Teilnehmerzahl lag bei zwanzig bis fünfundzwanzig. Der Alltag im Seminar war streng geordnet. Neben den theologischen Vorlesungen und Übungen war das gemeinsame geistliche Leben zentral. «Es gab feste Zeiten zur gemeinsamen Andacht morgens und abends, zur Schriftmeditation sowie zum gemeinschaftlichen Singen geistlicher Lieder.»[19] Außerdem hielt Bonhoeffer die Kandidaten dazu an, «regelmäßig die Gelegenheit zur individuellen Beichte voreinander zu nutzen»[20]. Er selber beichtete jeweils bei einem seiner Kandidaten. (Vgl. 5,139)

Einen besonderen Stellenwert besaß in Finkenwalde die Fürbitte füreinander: «Eine christliche Gemeinschaft lebt aus der Fürbitte der Glieder füreinander, oder sie geht zugrunde. Einen Bruder, für den ich bete, kann ich bei aller Not, die er mir macht, nicht mehr verurteilen oder hassen. Sein Angesicht, das mir vielleicht fremd und unerträglich war, verwandelt sich in der Fürbitte in das Antlitz des Bruders.» (5,73)[21] Viele der Kandidaten des Seminars von Finkenwalde empfanden diese Zeit als eine der prägendsten ihres Lebens. Bonhoeffer selbst schrieb am Ende des ersten Kurses an die Teilnehmer: «Der Sommer 1935 ist für mich, glaube ich, die beruflich und menschlich ausgefüllteste Zeit bisher gewesen.» (14,97 f.)

Seit New York und dann vertieft seit London dachte Bonhoeffer über die Bergpredigt nach und über die Auswirkungen, die ein konsequentes Leben nach ihr in der Nachfolge Jesu haben konnte. In Finkenwalde hielt er in allen fünf Kursen Vorlesungen zu diesem Thema. «Indem er erklärte, was Nachfolge bedeutet, beschrieb er zugleich, wie christliches Leben in der Situation des Kirchenkampfes auszusehen hat.»[22] Auf Wunsch der Studierenden veröffentlichte er diese Vorlesungen 1937 unter dem Titel «Nachfolge». (DBW 4) Sie gehört zu seinen am meisten gelesenen Büchern.

Die «Sammelvikariate»

Am 2. Dezember 1935 verbot das von Hitler geschaffene Kirchenministerium Stellenbesetzungen, Prüfungen und Ordinationen durch die «Bekennende Kirche». Seitdem bewegte sich die Arbeit der Predigerseminare am Rande der Illegalität. Staatlicherseits nahm man schon seit einiger Zeit Anstoß daran, dass Bonhoeffer als Leiter eines nahezu illegalen Predigerseminars gleichzeitig an der Berliner Universität als Privatdozent lehrte. Am 5. August 1936 entzog ihm deshalb das Reichsministerium für Wissenschaft die Lehrerlaubnis. Ein Jahr später, am 29. August 1937, verbot der Reichsführer SS Himmler sämtliche Predigerseminare. Am 28. September wurde darauf das Seminar in Finkenwalde von der Gestapo geschlossen und die Vikarsausbildung durch die «Bekennende Kirche» ausdrücklich verboten.

Doch Bonhoeffer bildete weiter Vikare aus in Form von so genannten «Sammelvikariaten», die in zwei Pfarrhäusern in Hinterpommern durchgeführt wurden. Seit der Schließung von Finkenwalde hatte er keinen festen Wohnsitz mehr und pendelte ständig hin und her. Angesichts der häufiger werdenden Verhaftungen evangelischer und katholischer Pfarrer war er sich des wachsenden Risikos dieser Tätigkeit wohl bewusst. In einem Brief meinte er dazu: «Die Sache der Kirche können wir nicht durchhalten ohne Opfer.» (14,303)

Zweite Flucht: USA

Im Frühjahr 1939 trug sich Bonhoeffer mit dem Gedanken, Deutschland wieder für eine gewisse Zeit zu verlassen. Er sah sich in seinem Gewissen verpflichtet, bei dem Krieg Hitlers, den er kommen sah, den Wehrdienst zu verweigern. Andererseits war ihm bewusst, dass er durch eine Kriegsdienstverweigerung die «Bekennende Kirche» in eine bedrohliche Lage bringen würde. So kam ihm ein Angebot aus den USA gelegen, dort für eine Weile in Kirche und akademischer Lehre tätig zu sein. Am 2. Juni brach er über London nach New York auf. Doch schon auf der Überfahrt überkamen ihn Zweifel an der Richtigkeit seiner Entscheidung. Befand er sich auf seiner zweiten Flucht? In seinem Reisetagebuch hielt er fest: «Große Programme führen uns immer nur dorthin, wo wir selbst sind; wir aber sollten uns nur dort finden lassen, wo Er ist … Oder bin ich doch dem Ort ausgewichen, an dem Er ist? an dem Er für mich ist?» (15,218)

Am 20. Juni steht in seinem Tagebuch: «Ich habe abgelehnt. Man war sichtlich enttäuscht und wohl etwas verstimmt. Für mich bedeutet es wohl mehr, als ich im Augenblick zu übersehen vermag. Gott allein weiß es. Es ist merkwürdig, ich bin mir bei allen meinen Entscheidungen über die Motive nie völlig klar. Ist das ein Zeichen von Unklarheit, innerer Unehrlichkeit oder ist es ein Zeichen dessen, dass wir über unser Erkennen hinaus*geführt* werden, oder ist es beides?» (15,228) In einem Brief an Reinhold Niebuhr, der ihm den Kontakt nach Amerika vermittelt hatte, schrieb er anschließend entschuldigend: «Ich bin jetzt überzeugt, dass mein Kommen nach Amerika ein Fehler war. Diese schwierige Epoche unserer nationalen Geschichte muss ich bei den Christenmenschen Deutschlands durchleben. Ich habe kein Recht, an der Wiederherstellung des christlichen Lebens in Deutschland nach dem Kriege mitzuwirken, wenn ich nicht die Prüfungen dieser Zeit mit meinem Volk teile.» (15,644)

«Dem Rad selbst in die Speichen fallen»

Nur wenige Wochen nach Bonhoeffers Rückkehr löste Hitler mit dem Einmarsch in Polen am 1. September 1939 den Zweiten Weltkrieg aus. Am 18. März 1940 schloss die Gestapo die beiden «Sammelvikariate». Offiziell blieb Bonhoeffer weiterhin im Dienst der «Bekennenden Kirche». Im Geheimen begann er daneben seine Teilnahme am aktiven Widerstand gegen Hitler. Er war überzeugt, dass das Engagement der Kirche sich nicht auf die eigenen Belange beschränken durfte, sondern dass sie den Auftrag hatte, für die einzutreten, die in der Gesellschaft «unter die Räder kommen». Schon seit 1938 wusste er durch seinen Schwager Hans von Dohnanyi von den Umsturzvorbereitungen in der militärischen Abwehr. Durch dessen Vermittlung wurde er der Außenstelle der Abwehr zugeordnet und damit «unabkömmlich» gestellt, das heißt, er konnte nicht zum Kriegsdienst eingezogen werden. Man argumentierte, Bonhoeffers ökumenische Kontakte würden dem militärischen Geheimdienst zur Beschaffung von Informationen über das Ausland nützlich sein. Tatsächlich informierte er aber vertrauenswürdige Personen aus seiner ökumenischen Arbeit über die in Deutschland laufenden Umsturzvorbereitungen.

Das Doppelleben, das er nun führen musste – nach außen Agent der Abwehr, in Wirklichkeit Mitglied des Widerstandes –, führte Bonhoeffer in einen ethischen Konflikt. Dieser bildet den Hintergrund für die Arbeit an einer «Ethik» (DBW 6), an der er nun in mehreren Anläufen zu schreiben begann und die sein Lebenswerk hätte werden sollen. (Vgl. 8,37) Angesichts der hemmungslosen Kriegstreiberei Hitlers, der millionenfachen Vernichtung der Juden und der Zerstörung der Grundordnungen des Lebens sah Bonhoeffer keine Möglichkeit mehr, sich um großer Prinzipien und eines reinen Gewissens willen zurückzuziehen. «Wenn Hitler nur mit Gewalt und Attentat, die im Sinne des christlichen Glaubens immer mit Schuld verbunden sind, zu stoppen ist, dann muss das um der Opfer willen getan werden, auch wenn man sich selbst damit Schuld auflädt.»[23] Ganz gleich, wie der Mensch sich hier entscheidet, ob er dem göttlichen Gebot, nicht zu töten, gehorcht, oder ob er sich dagegen entscheidet: «So oder so wird der Mensch schuldig und so oder so kann er allein von der göttlichen Gnade und Vergebung leben.» (6,275)

Verhaftung

Seit 1942 hatte das Reichssicherheitshauptamt der SS die Außenstelle der Abwehr wegen Devisenunregelmäßigkeiten im Blick. Am 5. April 1943 verhaftete es Dietrich Bonhoeffer und Hans von Dohnanyi. Bonhoeffer wurde ins Untersuchungsgefängnis der Wehrmacht in Berlin-Tegel überführt. Die ersten Eindrücke waren für ihn ein Schock. In seinem «Haftbericht nach einem Jahr in Tegel» schrieb er: «Ich wurde für die erste Nacht in eine Zugangszelle eingeschlossen; die Decken auf der Pritsche hatten einen so bestialischen Gestank, dass es trotz der Kälte nicht möglich war, sich damit zuzudecken. Am nächsten Morgen wurde mir ein Stück Brot in die Zelle geworfen, so dass ich es vom Boden aufheben musste … Von außen drangen in meine Zelle zum ersten Mal jene wüsten Beschimpfungen der Untersuchungsgefangenen durch das Personal, die ich seither täglich von morgens bis abends gehört habe.» (8,380f.)

Durch die Haft war Bonhoeffer gezwungen, sich in einer völlig neuen Situation zurechtzufinden. Das Gefängnis bedeutete für ihn zuerst einmal Trennung: Trennung von der Familie und den Freunden, von den Brüdern der «Bekennenden Kirche», von der Arbeit, vor allem aber von der gerade erst gewonnenen jungen Braut Maria von Wedemeyer, noch ehe sie beide miteinander vertraut werden konnten.[24] In welch tiefgehende Krise diese Verluste ihn führten, zeigen «Notizen» vom Mai 1943. Auf Stichworte wie «Unzufriedenheit», «Ungeduld», «Sehnsucht», «Langeweile», «Gleichgültigkeit», «Stumpfheit» folgt schließlich: «Selbstmord, nicht aus Schuldbewusstsein, sondern weil ich im Grunde schon tot bin, Schlussstrich, Fazit.» (8,64) Bonhoeffer fürchtete, er könnte die Misshandlungen und Verhöre vielleicht nicht aushalten und so Freunde verraten, die draußen weiter konspirierten. In der handschriftlichen Fassung der Notizen strich er diese Passage jedoch wieder.[25] Der Gedanke an Selbstmord findet sich in der Folgezeit nicht mehr.

Was Bonhoeffer in dieser Zeit beunruhigte, war, wie er Eberhard Bethge am 18. November 1943 schrieb, «die Frage, ob es wirklich die Sache Christi sei, um derentwillen ich euch allen solchen Kummer zufüge; aber bald schlug ich mir diese Frage als Anfechtung aus dem Kopf und wurde gewiss, dass gerade das Durchstehen eines solchen Grenzfalles mit aller seiner Problematik mein Auftrag sei und wurde darüber ganz froh und bin es bis heute geblieben». (8,187 f.)

In einem weiteren Brief vom 15. Dezember 1943 gesteht er jedoch, «dass es trotz allem, was ich so geschrieben habe, hier scheußlich ist, dass mich die grauenhaften Eindrücke oft bis in die Nacht verfolgen und dass ich sie nur durch Aufsagen unzähliger Liederverse verwinden kann und dass dann das Aufwachen manchmal mit einem Seufzer statt mit einem Lob Gottes beginnt. An die physischen Entbehrungen gewöhnt man sich …, an die psychischen Belastungen gewöhnt man sich nicht, im Gegenteil; ich habe das Gefühl, ich werde durch das, was ich höre und sehe, um Jahre älter und die Welt wird mir oft zum Ekel und zur Last … Ich frage mich selbst oft, wer ich eigentlich bin, der, der unter diesen grässlichen Dingen hier immer wieder sich windet und das heulende Elend kriegt, oder der, der dann mit Peitschenhieben auf sich selbst einschlägt und nach außen hin (und auch vor sich selbst) als der Ruhige, Heitere, Gelassene, Überlegene dasteht und sich dafür … bewundern lässt?» (8,235)[26]

«Der Blick von unten»

Eine Woche später kann Bonhoeffer seinem Freund jedoch schreiben: «Du musst übrigens wissen, dass ich noch keinen Augenblick meine Rückkehr 1939 bereut habe, noch auch irgendetwas von dem, was dann folgte. Das geschah in voller Klarheit und mit bestem Gewissen. Ich will nichts von dem, was sich seit damals ereignet hat, aus meinem Leben streichen, weder das Persönliche ... noch das Allgemeine. Und dass ich jetzt sitze ... rechne ich auch zu dem Teilnehmen an dem Schicksal Deutschlands, zu dem ich entschlossen war.» (8,253) Dass jetzt fremde, ja ihm zum Teil feindlich gesonnene Menschen die äußere Entscheidungsgewalt über ihn ausübten, fiel ihm, der bisher selbstständig zu entscheiden gewohnt war, schwer. Er empfand die Haft als eine Probe auf seinen Glauben. Den Eltern schrieb er: Ich «muss im Übrigen einmal selbst exerzieren, was ich in Predigten und Büchern andern gesagt habe». (8,55)

Im Gefängnis wuchsen Bonhoeffer neue Erkenntnisse zu. Sein Blick war weiter geworden, er lernte Kirche und Welt neu sehen. Ab jetzt stand bei ihm nicht mehr die Kirche im Vordergrund, sondern die von Gott geliebte Welt. Im Widerstand lernte er «Menschen kennen, die – ohne sich als religiös oder christlich zu verstehen – zum Kampf für Menschlichkeit und Gerechtigkeit entschlossen» waren und dafür Leiden auf sich nahmen «bis hin zur Gefährdung des Lebens und schließlich bis zum Tod»[27]. Gleichzeitig musste er die schmerzliche Erfahrung machen, dass nicht nur die Reichskirche, sondern auch seine «Bekennende Kirche» «nur um ihre Selbsterhaltung gekämpft» (8,435) hatte, die Bedrohten oft im Stich ließ und selten klare Worte fand.

In der religionslosen Welt von Tegel wurde es für Bonhoeffer zu einem «Erlebnis von unvergleichlichem Wert», dass er die Welt «einmal von unten, aus der Perspektive der Ausgeschalteten, Beargwöhnten, Schlechtbehandelten, Machtlosen, Unterdrückten und Verhöhnten, kurz der Leidenden sehen gelernt» (8,38) hatte. Unablässig bewegte ihn hier «die Frage, was das Christentum oder auch wer Christus heute für uns eigentlich ist. Die Zeit, in der man das den Menschen durch Worte – seien es theologische oder fromme Worte – sagen könnte, ist vorüber; ...Wir gehen einer völlig religionslosen Zeit entgegen; die Menschen können einfach, so wie sie nun einmal sind, nicht mehr religiös sein.» (8,402f.)

Gott – kein «Lückenbüßer»

Mit dem Stichwort der «Religionslosigkeit» löste Dietrich Bonhoeffer, seit seine Gefängnisbriefe 1951 von Eberhard Bethge unter dem Titel «Widerstand und Ergebung» (DBW 8) veröffentlicht worden waren, eine weitreichende und auch kontroverse Diskussion aus. Das damit Gemeinte konnte er nur mehr anreißen, was dazu führte, dass manche Autoren ihre eigenen Konzeptionen in seine Theologie eintrugen oder mit ihr legitimierten.[28] Um seine Diagnose zu verstehen, «muss man sich klarmachen, dass er mit ‹Religion› nicht all das meint, was im heutigen Sprachgebrauch darunter fällt, also jede Form von menschlichem Transzendenzbezug»[29]. Er verwendet vielmehr einen eigenen, eingeschränkten Religionsbegriff.

Worum es ihm vor allem ging, kommt wohl am deutlichsten in folgendem Geständnis zum Ausdruck: «Oft frage ich mich, warum mich ein ‹christlicher Instinkt› häufig mehr zu den Religionslosen als zu den Religiösen zieht, und zwar durchaus nicht in der Absicht der Missionierung, sondern ich möchte fast sagen ‹brüderlich›. Während ich mich den Religiösen gegenüber oft scheue, den Namen Gottes zu nennen – weil er mir hier irgendwie falsch zu klingen scheint und ich mir selbst etwas unehrlich vorkomme ... – kann ich den Religionslosen gegenüber gelegentlich ganz ruhig und wie selbstverständlich Gott nennen. Die Religiösen sprechen von Gott, wenn menschliche Erkenntnis (manchmal schon aus Denkfaulheit) zu Ende ist oder wenn menschliche Kräfte versagen ..., immer also in Ausnutzung menschlicher Schwäche bzw. an den menschlichen Grenzen; das hält zwangsläufig immer nur solange vor, bis die Menschen aus eigener Kraft die Grenzen etwas weiter hinausschieben und Gott ... überflüssig wird.» (8,406f.)

Bonhoeffers religionskritische Äußerungen richten sich also nicht gegen den Gottesglauben an sich. Das beweist allein schon die Tatsache, dass er selber bis zum Ende seines Lebens gebetet hat, was ohne Gottesglauben schlechthin keinen Sinn macht. In der Not der Novembernächte 1943 mit ihren Luftangriffen verfasste er für seine Mitgefangenen auf deren Bitte hin drei ergreifende Gebete: ein Morgen- und Abendgebet und ein «Gebet in besonderer Not» (8,204–208). In den Gedanken zum Tauftag seines Patenkindes Dietrich Bethge (8,428–436) vom Mai 1944 schließlich finden sich die programmatischen Sätze: «Unser Christsein wird heute nur in zweierlei bestehen: im Beten und im Tun des Gerechten unter den Menschen» (8,435), und er gibt der Hoffnung Ausdruck: «Es wird Menschen geben, die beten und das Gerechte tun und auf Gottes Zeit warten.» (8,436)[30]

Teilnehmen am Leiden Gottes an der Welt

Bonhoeffers Kritik gilt der falschen Vorstellung eines allmächtigen «Lückenbüßergottes», der wie im antiken Theater als «deus ex machina», als Gott aus der Theatermaschine, in ausweglosen Situationen plötzlich erscheint und dort, wo Menschen nicht mehr weiterwissen und -können, Probleme durch sein Eingreifen «übernatürlich» löst. In seinem bekannten Gedicht «Christen und Heiden» (8,515 f.) stellte er den entscheidenden Unterschied des Christentums zu allen Formen von Religiosität, auch von christlicher, heraus. «Die Religiosität des Menschen weist ihn in seiner Not an die Macht Gottes in der Welt, Gott ist der deus ex machina.» (8,534) Oder in der Sprache der 1. Strophe des Gedichts:

> *«Menschen gehen zu Gott in ihrer Not,*
> *flehen um Hilfe, bitten um Glück und Brot,*
> *um Errettung aus Krankheit, Schuld und Tod.*
> *So tun sie alle, alle, Christen und Heiden.»*

Bonhoeffer will dagegen den Blick frei machen für den Gott der Bibel, wie er im Weg Jesu erkennbar geworden ist. «Die Bibel weist den Menschen an die Ohnmacht und das Leiden Gottes.» Sie ruft ihn auf, «das Leiden Gottes an der gottlosen Welt mitzuleiden». (8,534f.) Das ist die Umkehrung von allem, was der religiöse Mensch, auch der Christ, von Gott erwartet. Die entscheidend christliche Haltung besteht darin, «nicht zuerst an die eigenen Nöte, Fragen, Sünden, Ängste (zu) denken» (8,535), sondern darin, dass «man im diesseitigen Leben Gottes Leiden mitleidet». (8,542) In der 2. Strophe des Gedichts formuliert Bonhoeffer es so:

«Menschen gehen zu Gott in Seiner Not,
finden ihn arm, geschmäht, ohne Obdach und Brot,
sehn ihn verschlungen von Sünde, Schwachheit und Tod
Christen stehen bei Gott in Seinen Leiden.»

Was es konkret bedeutet, «im diesseitigen Leben Gottes Leiden mitzuleiden», wird deutlich, wenn es in der 3. Strophe heißt:

«Gott geht zu allen Menschen in ihrer Not,
sättigt den Leib und die Seele mit seinem Brot,
stirbt für Christen und Heiden den Kreuzestod, und vergibt ihnen beiden.»

Im späten «Entwurf für eine Arbeit» (8,556–561), in der Bonhoeffer kurz darlegen wollte, was christlicher Glaube ist, definierte er Jesus als den Menschen, der «für andere da ist», und den Glauben als «das Teilnehmen an diesem Sein Jesu» (8,558). Daraus zog er für die Kirche die Konsequenz: «Die Kirche ist nur Kirche, wenn sie für andere da ist … Sie muss an den weltlichen Aufgaben des menschlichen Gemeinschaftslebens teilnehmen, nicht herrschend, sondern helfend und dienend. Sie muss den Menschen aller Berufe sagen, was ein Leben mit Christus ist, was es heißt, ‹für andere da zu sein›.» (8,560)

«... das Ende, aber auch der Anfang»

Die Teilnahme am Leiden Gottes in und an dieser Welt sollte für Bonhoeffer bald eine im wörtlichen Sinn «todernste» Gestalt annehmen. Am 22. September 1944 fand die Gestapo im Geheimarchiv der Abwehr in Zossen bei Berlin Akten, denen sie entnahm, dass Bonhoeffer seit 1938 an der Verschwörung gegen Hitler beteiligt war. Seitdem konnte er nicht mehr auf Freilassung hoffen. Am 8. Oktober wurde er aus dem Wehrmachtsgefängnis Berlin-Tegel ins Kellergefängnis des Reichssicherheitshauptamtes in der Prinz-Albrecht-Straße verlegt. Er war dort gemeinsam mit führenden Männern aus dem Widerstand, unter anderem seinem Schwager Hans von Dohnanyi, inhaftiert. Aus diesem Gefängnis schrieb er am 19. Dezember den letzten Brief an seine Braut Maria von Wedemeyer, dem er als «Weihnachtsrose für dich und die Eltern und Geschwister» das inzwischen weltberühmt gewordene Gedicht «Von guten Mächten» beilegte.[31]

Am 3. Februar 1945 kam es zu einem schweren Luftangriff auf Berlin, durch den auch das Reichssicherheitshauptamt stark beschädigt wurde. Deshalb überführte man Bonhoeffer am 7. Februar zusammen mit anderen wichtigen Gefangenen in einen Häftlingsblock im Konzentrationslager Buchenwald. Am 3. April wurde diese Gruppe dann nach Schönberg im Bayerischen Wald transportiert. In einer seiner letzten Besprechungen im Führerhauptquartier befahl Hitler am 5. April, dass die Hauptverschwörer nicht überleben sollten. Am 7. April hielt Bonhoeffer auf Wunsch von Mithäftlingen noch eine Morgenandacht. Danach wurde er von der Gruppe getrennt und in das Konzentrationslager Flossenbürg gebracht. Dort verurteilte ihn am 8. April ein Standgericht zum Tode. Am 9. April 1945, nach dreiundzwanzig Monaten Haft und nur drei Wochen vor Kriegsende, wurde er zusammen mit den Mitverschwörern durch Erhängen ermordet[32] und anschließend verbrannt. Vor seiner Hinrichtung trug er dem englischen Offizier Payne Best, der mit ihm zusammen gefangen war, eine Botschaft an den befreundeten anglikanischen Bischof George Bell auf. Sie enthielt unter anderem die Worte: «Sagen Sie ihm, dass dies für mich das Ende, aber auch der Anfang ist.»[33]

1909–1943

Simone Weil

«Drei Berührungen, die wahrhaft zählten»

In seinem Essay «Eine Last auf meiner Seele» bezeichnet Heinrich Böll als eine Last, die ihn bedrückt: «Bücher, die ich gelesen habe und denen ich nicht gewachsen bin.» Als Beispiel nennt er «eine Autorin, die ich ständig umkreise, nie erreiche, vielleicht, weil ich Angst davor habe, ihr nahe zu kommen. Ich beschaffe mir ihre Bücher immer wieder, verschenke sie, oder lege sie beiseite, und beschaffe sie mir wieder, habe sie bei mir, wenn ich auspacke, zu Hause, in Hotels, anderswo. Die Autorin liegt mir auf der Seele wie eine Prophetin; es ist der Literat in mir, der Scheu vor ihr hat; es ist der potentielle Christ in mir, der sie bewundert ... Ich möchte über sie schreiben, ihrer Stimme Stimme geben, aber ich weiß: ich schaffe es nicht, ich bin ihr nicht gewachsen, intellektuell nicht, moralisch nicht, religiös nicht ... Ich habe Angst vor ihrer Strenge, ihrer sphärischen Intelligenz und Sensibilität, Angst vor den Konsequenzen, die sie mir auferlegen würde, wenn ich ihr wirklich nahe käme ... Ihr Name: Simone Weil.»[1]

Zutreffender, als es in diesem Text geschieht, könnte man wohl Simone Weil und die Wirkung, die von ihr ausgeht, kaum beschreiben. Bis heute vermag sie Menschen in ihren Bann zu ziehen: diese am 3. Februar 1909 in Paris geborene «Tochter aus jüdischem Großbürgertum, Studentin, Lehrerin der Philosophie, Fabrikarbeiterin, Gewerkschaftlerin, politisch engagierte Bürgerin, Kombattantin im spanischen Bürgerkrieg, Mystikerin, Leserin heiliger Schriften der großen Weltreligionen»[2]. Sie fasziniert und irritiert zugleich. Doch wer sich intensiver auf sie einlässt, «spürt, dass man nicht unverändert bleibt, ob man nun ihren Gedanken zustimmt oder sich davon distanziert»[3].

Es kann hier nicht darum gehen, ein auch nur annähernd vollständiges Bild Simone Weils zu entwerfen. Der Schwerpunkt liegt auf der Mystikerin, wohl wissend, dass sich diese nicht von den übrigen Aspekten ihrer Person trennen lässt.[4] Als Stütze dient dabei vor allem die «Skizze meiner geistlichen Autobiographie»[5], die Weil in ihrem vierten Brief an Pater Joseph-Marie Perrin (1905–2002)[6] niedergeschrieben hat. Sie lernte diesen nahezu blinden Dominikaner 1941 in Marseille kennen, nachdem sie im Sommer 1940 mit ihrer Familie vor den Nazis aus Paris geflohen war. Während ihres einjährigen Marseille-Aufenthalts wurde Pater Perrin ihr geistlicher Freund und Begleiter, «so etwas wie ein Vater und wie ein Bruder» (115). Mit ihm führte sie intensive theologische Gespräche, vor allem auch über die Frage, ob sie sich taufen lassen solle.

«Ich bin sozusagen im christlichen Geiste geboren»

In ihren Abschiedsbriefen an Pater Perrin vom Januar bis Mai 1942 – bevor sie mit ihren Eltern nach Amerika ausreiste – versuchte sie diesem zu erklären, warum er sie nicht zum Empfang der Taufe bewegen konnte. Zu Beginn des bereits erwähnten vierten Briefes, den sie ihm um den 15. Mai noch in Marseille schrieb, hält sie fest: «Sie haben mir weder den christlichen Geist noch Christus gebracht; denn als ich Ihnen begegnete, war dies nicht mehr zu leisten, es war bereits geschehen, ohne die Vermittlung irgend eines menschlichen Wesens ... Ich habe immer als einzig mögliche Einstellung die christliche Einstellung angenommen. Ich bin sozusagen im christlichen Geiste geboren, aufgewachsen und immer darin verblieben.» (104f.)

Im darauffolgenden letzten Brief vom 26. Mai aus Casablanca doppelt sie nach: «Als ich eine Skizze meiner geistlichen Autobiographie für Sie niederschrieb, geschah dies mit einer bestimmten Absicht. Ich wollte Ihnen die Möglichkeit geben, ein konkretes und sicheres Beispiel des impliziten Glaubens feststellen zu können ... Sie sind, zu Recht oder Unrecht, der Überzeugung, dass ich auf den Namen einer Christin Anspruch habe. Ich versichere Ihnen, dass, wenn ich im Hinblick auf meine Kindheit und Jugend die Worte: Berufung, Gehorsam, Geist der Armut, Reinheit, Hinnahme, Nächstenliebe und andere ähnliche Worte gebrauche, diese im strengsten Sinne die gleiche Bedeutung haben, die sie in diesem Augenblick für mich besitzen.» (131)

Daraus zog sie schon im vorausgehenden vierten Brief die Konsequenz: «Darum ist es mir niemals in den Sinn gekommen, ich könnte *in* das Christentum *ein*treten. Ich hatte den Eindruck, darin geboren zu sein.» (108) Trotz ihrer vollständig agnostischen Erziehung betrachtete sie ihr Weltverhältnis und ihre Lebensauffassung von jeher als christlich. So wäre es ihr als ein Mangel an Redlichkeit erschienen, dieser Lebensauffassung noch das explizite, ausdrückliche christliche Dogma hinzuzufügen, ohne offenkundig dazu genötigt zu sein. «Ja ich hätte sogar geglaubt, unredlich zu handeln, wenn ich mir die Frage nach der Wahrheit des Dogmas als ein Problem gestellt, oder wenn ich nur begehrt hätte, diesbezüglich zu einer Überzeugung zu gelangen. Ich habe von der intellektuellen Redlichkeit einen äußerst strengen Begriff; derart, dass ich noch niemals einem Menschen begegnet bin, der mir nicht in mehrfacher Hinsicht ihrer zu entraten schien; und ich fürchte immer, dass sie mir selber fehlen könnte.» (108)

«... dass das Christentum vorzüglich die Religion der Sklaven ist»

Diese bewusste Enthaltung vom christlichen Dogma hinderte Simone Weil in einer Art von Scheu oder Scham daran, «die Kirchen zu betreten, wo ich doch so gerne verweilte». (108) Ab ihrem sechsundzwanzigsten Altersjahr erfuhr sie jedoch «mit dem Katholizismus drei Berührungen, die wahrhaft zählten». (108)

Die erste ereignete sich während eines Urlaubs mit ihren Eltern im August/September 1935 in Portugal. Im Jahr zuvor hatte sie sich vom Schuldienst freistellen lassen, um als Hilfsarbeiterin in verschiedenen Fabriken die Lebensumstände der Industriearbeiter am eigenen Leib zu erfahren. Diese Arbeit brachte sie an den Rand der vollständigen körperlichen und seelischen Erschöpfung, wovon ihr «Fabriktagebuch»[7] ergreifendes Zeugnis ablegt. «Ich wusste wohl, dass es in der Welt sehr viel Unglück gab, die Vorstellung dessen peinigte mich unaufhörlich, aber ich hatte es niemals durch eine längere Fühlungnahme erfahren. Während meiner Fabrikzeit, als ich in den Augen aller und in meinen eigenen mit der anonymen Masse ununterscheidbar verschmolzen war, ist mir das Unglück der anderen in Fleisch und Seele eingedrungen ... Dort ist mir für immer der Stempel der Sklaverei aufgeprägt worden, gleich jenem Schandmal, das die Römer den verachtetsten ihrer Sklaven mit glühendem Eisen in die Stirn brannten. Seither habe ich mich immer als einen Sklaven betrachtet.» (109)

In dieser Gemütsverfassung betrat sie eines Abends bei Vollmond allein ein erbärmliches portugiesisches Fischerdorf. Man beging eben das Patronatsfest der Dorfkirche. «Die Frauen der Fischer zogen, mit Kerzen in den Händen, in einer Prozession um die Boote und sangen gewiss sehr altüberlieferte Gesänge, von einer herzzerreißenden Traurigkeit. Nichts kann davon eine rechte Vorstellung vermitteln. Niemals habe ich etwas so Ergreifendes gehört ... Dort hatte ich plötzlich die Gewissheit, dass das Christentum vorzüglich die Religion der Sklaven ist, und dass die Sklaven nicht anders können als ihm anhängen, und ich unter den übrigen.» (109 f.)

«... zwang mich etwas, das stärker war als ich selbst ...»

Die zweite Berührung widerfuhr Simone Weil im Frühjahr 1937. Nach einer Kur in Montana, wo sie wegen ihrer oft unerträglichen Kopfschmerzen, an denen sie seit ihrem zwanzigsten Lebensjahr litt, behandelt wurde, brach sie zu einer Italienreise auf. Diese Reise gehört zu den beglückendsten Erfahrungen ihres Lebens. Könnte man – nicht zuletzt aufgrund ihres Fabrikexperiments als Hilfsarbeiterin und ihrer Beteiligung am spanischen Bürgerkrieg – den Eindruck gewinnen, dass sie sich vorwiegend «mit beschwerlichen Dingen beschäftigt, die entweder viel Entsagung kosten oder sogar lebensgefährlich sind»[8], so offenbart diese Italienreise ihre fast grenzenlose Empfänglichkeit für alles Schöne in Natur und Kultur. «Ich liebe die Liturgie, die Gesänge, die Baudenkmäler, die Riten und Zeremonien des Katholizismus» (95), wird sie später Pater Perrin schreiben.

Das prägende Erlebnis widerfuhr ihr in Assisi. «Als ich dort in der kleinen romanischen Kapelle aus dem zwölften Jahrhundert von Santa Maria degli Angeli, diesem unvergleichlichen Wunder an Reinheit, wo der heilige Franziskus so oft gebetet hat, allein war, zwang mich etwas, das stärker war als ich selbst, mich zum ersten Mal in meinem Leben auf die Knie zu werfen.» (110) Es war die überwältigende Erfahrung einer sie übersteigenden, geheimnisvollen Wirklichkeit, die sie zu dieser spontanen Geste der Anbetung und Demut nötigte.

«... in der unerhörten Schönheit der Gesänge und Worte ...»

Zu Ostern 1938 fuhr Simone Weil mit ihrer Mutter für zehn Tage, von Palmsonntag bis Osterdienstag, in die Benediktinerabtei Solesmes und wohnte allen Gottesdiensten bei. Hier erlebte sie in einer Art Ekstase die dritte entscheidende Berührung mit dem Christentum. «Ich hatte bohrende Kopfschmerzen; jeder Ton schmerzte mich wie ein Schlag; und da erlaubte mir eine äußerste Anstrengung der Aufmerksamkeit, aus diesem elenden Fleisch herauszutreten, es in seinen Winkel hingekauert allein leiden zu lassen und in der unerhörten Schönheit der Gesänge und Worte eine reine und vollkommene Freude zu finden. Diese Erfahrung hat mich auch durch Analogie besser verstehen lassen, wie es möglich sei, die göttliche Liebe durch das Unglück hindurch zu lieben. Ich brauche nicht eigens hinzuzufügen, dass im Verlauf dieser Gottesdienste der Gedanke an die Passion Christi ein für allemal in mich Eingang fand.» (110)

In Solesmes lernte Simone Weil auch einen jungen katholischen Engländer kennen, der ihr «zum ersten Male eine Vorstellung von der übernatürlichen Kraft der Sakramente vermittelte, von einem derart engelhaften Glanze schien er nach dem Empfang der Kommunion umkleidet». (110) Er machte sie auch auf jene philosophisch orientierte englische Dichtergruppe des 17. Jahrhunderts aufmerksam, die man die sogenannten «metaphysischen Dichter» nennt. Unter ihren Werken entdeckte sie das Gedicht *«Love – Liebe»* von Georges Herbert (1593–1633). Es zog sehr bald ihre besondere Aufmerksamkeit auf sich und wurde für sie «das schönste Gedicht der Welt»[9].

Liebe bot mir Willkomm; doch meine Seele schrak zurück
In Schuld des Staubes, Schuld der Sünde.
Sie aber, Liebe, flinken Auges merksam, wie ich träg
Den Fuß kaum von der Stelle setzte,
Drang näher an mich, zärtlich fragend,
Ob etwas mir zu mangeln schien.

Ein Gast, gab ich zur Antwort, würdig dieses Orts.
Und Liebe sprach: Du sollst es sein.
Ich, der des Undanks, der Ungüte voll? Ach, lieber Freund,
Der nicht dich anzuschaun vermag.
Liebe ergriff mich bei der Hand und sagte lächelnd:
Wer schuf die Augen, wenn nicht ich?

Zu wahr, Herr, aber ich verdarb sie nur; lass meine Schande
Dort hingehn, wo sie es verdient.
Und weißt du nicht, spricht Liebe, wer den Tadel auf sich nahm?
Dann will ich, lieber Freund, dir dienen.
Du musst, spricht Liebe, niedersitzen und mein Mahl genießen.
So setzte ich mich denn und aß. (280f.)

Das Gedicht erinnert an die Tischgemeinschaft Jesu mit Zöllnern und Sündern, an sein letztes Abendmahl und an die Eucharistie. Es offenbart «Gott als unkonventionellen Gastgeber»[10], der die herrschende Ordnung auf den Kopf stellt. Der «Herr» bittet einen Menschen, der sich als schuldig und undankbar bekennt, zu Tisch, um ihn zu bedienen und sein Mahl zu genießen.

«... ist Christus selbst herniedergestiegen und hat mich ergriffen»

Simone Weil lernte das Gedicht auswendig. «Oft, wenn meine heftigen Anfälle von Kopfschmerzen auf ihrem Höhepunkt waren, habe ich mich geübt, es herzusagen, indem ich meine ganze Aufmerksamkeit darauf versammelte und von ganzer Seele der Zärtlichkeit zustimmte, die es in sich schließt. Ich glaubte, nur ein schönes Gedicht zu sprechen, aber dieses Sprechen hatte, ohne dass ich es wusste, die Kraft eines Gebetes. Einmal, während ich es sprach, ist ... Christus selbst herniedergestiegen und hat mich ergriffen.» (111)

Was Simone Weil hier – wohl im November oder Dezember 1938 – widerfuhr, war zweifelsohne eine mystische Erfahrung. Eine solche Möglichkeit hatte sie nicht vorausgesehen, nämlich «die einer wirklichen Berührung, von Person zu Person, hienieden, zwischen dem menschlichen Wesen und Gott. Ich hatte wohl unbestimmt von dergleichen reden hören, aber ich hatte es niemals geglaubt ... Im Übrigen waren an dieser meiner plötzlichen Übermächtigung durch Christus weder Sinne noch Einbildungskraft im geringsten beteiligt; ich empfand nur durch das Leiden hindurch die Gegenwart einer Liebe gleich jener, die man in dem Lächeln eines geliebten Antlitzes liest.» (111) Von diesem Augenblick an, so bekennt sie andernorts, «haben der Name Gottes und Christi sich immer unwiderstehlicher in meine Gedanken gemischt». (146) Ihre Freundin und Biografin Simone Pétrement berichtet, Simone Weil sei nach dieser Erfahrung sanfter und heiterer geworden.[11]

In diesem Zusammenhang legt Simone Weil Wert darauf zu betonen, sie hätte vor diesem Ereignis «nie irgendwelche Mystiker gelesen, weil ich niemals etwas gespürt hatte, das mir sie zu lesen befahl. Auch bei meiner Lektüre habe ich mich stets bemüht, den Gehorsam zu üben. Nichts ist dem geistigen Fortschritt förderlicher; denn ich lese soweit wie möglich nur das, wonach mich hungert, in dem Augenblick, wo mich hungert, und dann lese ich nicht, ich esse. Gott in seiner Barmherzigkeit hatte mich gehindert, die Mystiker zu lesen, damit mir unwiderleglich klar würde, dass ich diese völlig unerwartete Berührung nicht aus Eigenem erdichtet hatte.» (111)

Angesichts dieser Erfahrungen überrascht es, dass Simone Weil noch im Mai 1942 Pater Perrin bekennt: «Während dieses ganzen geistlichen Fortschreitens habe ich niemals gebetet. Ich fürchtete die Macht der Suggestion des Gebetes ... Auch die Berührung mit Ihnen war nicht imstande, mich zum Gebet zu veranlassen. Im Gegenteil, die Gefahr schien mir umso mehr zu befürchten, als ich mich genötigt sah, vor der Macht einer Suggestion durch meine Freundschaft für Sie auf der Hut zu sein ... Bis zum vergangenen September war es mir in meinem ganzen Leben niemals geschehen, dass ich auch nur ein einziges Mal gebetet hätte, zumindest nicht im buchstäblichen Sinne des Wortes. Niemals hatte ich mich laut oder in

Gedanken mit Worten an Gott gewandt. Niemals hatte ich ein liturgisches Gebet gesprochen. Hin und wieder kam es wohl vor, dass ich mir das *Salve Regina* aufsagte, doch nur als ein schönes Gedicht.» (112f.)

Simone Weil fürchtete zum einen, Beten könnte eine autosuggestive Wirkung auf sie ausüben, wovor sie sich aus ihrer unbedingten Verpflichtung zu intellektueller Redlichkeit zu hüten hatte.[12] Zum andern war ihr das Gebet im konventionellen Sinn als formuliertes privates oder liturgisches Beten fremd. Sie kannte zwar klassische Gebetstexte wie das erwähnte *Salve Regina,* aber sie betrachtete diese zunächst bloß als literarische Texte. Sie näherte sich «dem Phänomen des Betens als Außenstehende»[13]. Sie gelangte nicht nach langem Suchen zu Gott und in eine betende Beziehung zu ihm. Im Gegenteil beteuerte sie Pater Perrin gegenüber: «Ich kann sagen, dass ich mein ganzes Leben lang niemals, in keinem Augenblick, Gott gesucht habe.» (104) Sie machte vielmehr die überraschende und unerwartete Erfahrung, dass sie von Gott gefunden und ergriffen wurde.

«... die unendliche Süßigkeit dieses griechischen Textes ...»

Ein Gebet erlangte für Simone Weil schließlich größte Bedeutung: das Vaterunser. Durch die Vermittlung von Pater Perrin lernte sie den Philosophen Gustav Thibon kennen. Auf ihren Wunsch hin beschäftigte er sie im Herbst 1941 auf seinem Weingut als Erntehelferin. Neben der Arbeit las er mit ihr nicht nur Platon, sondern machte sie auch mit dem Urtext des Vaterunsers vertraut. «Da hat die unendliche Süßigkeit dieses griechischen Textes mich derart ergriffen, dass ich einige Tage lang nicht umhin konnte, ihn mir unaufhörlich zu wiederholen.» (113) Sie lernte das Gebet auf Griechisch auswendig, sprach es jeden Tag vor der Arbeit und wiederholte es dann noch oftmals im Weinberg. «Seitdem habe ich mir als einzige Übung die Verpflichtung auferlegt, es jeden Morgen einmal mit unbedingter Aufmerksamkeit zu sprechen. Wenn meine Aufmerksamkeit unter dem Sprechen abirrt oder einschläft, und sei es auch nur im allergeringsten Grade, so fange ich wieder von vorne an, bis ich einmal eine völlig reine Aufmerksamkeit erreicht habe. Dann kommt es wohl mitunter vor, dass ich es aus reinem Vergnügen noch einmal von vorn aufsage, aber nur, wenn das Verlangen mich treibt.» (113f.)

Die Kraft dieser Übung war außerordentlich und übertraf alle ihre Erwartungen. Sie führte sie zu neuen, bisher nicht geahnten mystischen Erfahrungen. «Mitunter reißen schon die ersten Worte meinen Geist aus meinem Leibe und versetzen ihn an einen Ort außerhalb des Raumes, wo es weder eine Perspektive noch einen Blickpunkt gibt. Der Raum tut sich auf. Die Unendlichkeit des gewöhnlichen Raumes unserer Wahrnehmung weicht einer Unendlichkeit zweiten oder manchmal auch dritten Grades. Gleichzeitig erfüllt diese Unendlichkeit der Unendlichkeit sich allenthalben mit Schweigen, mit einem Schweigen, das nicht die Abwesenheit des Klanges ist, sondern das der Gegenstand einer positiven Empfindung ist, sehr viel positiver als die eines Klanges.» (114)

Das Beten des Vaterunsers ermöglichte Simone Weil nicht nur, «bisherige Erfahrungsräume zu verlassen und andere Dimensionen wahrzunehmen, die sich nur schwer sprachlich verdeutlichen lassen»[14]. Es schenkte ihr auch eine bisher so noch nicht erfahrene Vergegenwärtigung Christi selbst. «Mitunter auch ist während dieses Sprechens oder zu anderen Augenblicken Christus in Person anwesend, jedoch mit einer unendlich viel wirklicheren, durchdringenderen, klareren und liebevolleren Gegenwart als jenes erste Mal, da er mich ergriffen hat.» (114) Sie wagt Pater Perrin von diesen Erfahrungen nur zu berichten, weil ihr Abschied unmittelbar bevorsteht und sie ahnt, dass es wohl ein Abschied für immer ist. Es scheint ihr, dass sie «nicht das Recht habe, diese Dinge zu verschweigen. Denn schließlich handelt es sich bei alledem nicht um mich. Es handelt sich nur um Gott. Ich habe keinen Teil daran … Denn was die Lenkung meiner Seele betrifft, so denke ich, dass Gott selber sie von Anfang an in die Hand genommen hat und sie behält.» (114f.)

«Das Wesen des Gebetes besteht in der Aufmerksamkeit»

Zu den zentralen Schlüsselworten der Spiritualität Simone Weils gehört der Begriff der «Aufmerksamkeit» («attention»). Er taucht in ihren Schriften immer wieder auf, «in gewisser Weise kristallisiert sich ihr ganzes Leben in diesem Wort»[15]. Wir begegneten ihm bereits im Zusammenhang mit den Erfahrungen, die sie bei den Gottesdiensten in Solesmes oder bei der Rezitation des Gedichtes *«Love – Liebe»* und des Vaterunsers machte. Am ausführlichsten beschäftigte sie sich damit in ihrem 1942 in zeitlicher Nähe zu den Briefen an Pater Perrin verfassten Aufsatz «Betrachtungen über den rechten Gebrauch des Schulunterrichts und des Studiums im Hinblick auf die Gottesliebe». (52–62)

Der Aufsatz, in dem sie auf dem Hintergrund ihrer Erfahrungen als Gymnasiallehrerin eine «christliche Konzeption des Studiums» entwirft, beginnt mit den programmatischen Sätzen: «Das Wesen des Gebetes besteht in der Aufmerksamkeit ... Im Gebet richtet die Seele alle Aufmerksamkeit, deren sie fähig ist, auf Gott, und die Beschaffenheit des Gebetes hängt zu einem großen Teil von der Beschaffenheit der Aufmerksamkeit ab.» (52) Die Entwicklung der Fähigkeit zur Aufmerksamkeit ist deshalb nach ihrer Überzeugung «das wahre Ziel des Studiums und beinahe das Einzige, was den Unterricht sinnvoll macht». (52) Jedes Studium stellt für sie «eine Gymnastik der Aufmerksamkeit»[16] dar.

Wenn auch der Schulunterricht und das Studium die Aufmerksamkeit «nur in ihren minder hohen Schichten» (52) entwickeln, vermögen sie dennoch die Fähigkeit dazu auch in geistlicher Hinsicht zu steigern. «Sucht man mit einer wahrhaften Aufmerksamkeit die Lösung eines geometrischen Problems, und ist man nach Verlauf einer Stunde nicht weiter als am Anfang, so ist man dennoch, während jeder Minute dieser Stunde, in einer anderen, geheimnisvolleren Dimension vorgeschritten. Ohne dass man es gewahr wird und ohne dass man es weiß, hat diese scheinbar vergebliche und unfruchtbare Anstrengung die Seele mit hellerem Licht erfüllt. Die Früchte aber erntet man eines Tages, später, im Gebet.» (53)

Simone Weil ist überzeugt, dass Gott, «wenn wir ihn um Brot bitten, uns keine Steine gibt. Jedes Mal, wenn ein menschliches Wesen, selbst außerhalb jedes expliziten religiösen Glaubens, eine Anstrengung der Aufmerksamkeit leistet, mit dem einzigen Verlangen, dadurch tüchtiger zu werden zur Erfassung der Wahrheit, erwirbt es diese vermehrte Tüchtigkeit, auch wenn seine Anstrengung keine sichtbaren Früchte gezeitigt hat … Ist das Begehren echt, begehrt man wirklich das Licht, so bringt das Begehren nach dem Licht das Licht hervor.» (54)

«Die kostbarsten Güter soll man nicht suchen, sondern erwarten»

Die Aufmerksamkeit ist zwar «eine Anstrengung, vielleicht die größte von allen, aber sie ist eine negative Anstrengung». (57) Sie besteht «darin, das Denken auszusetzen, den Geist verfügbar, leer und für den Gegenstand offen zu halten». Er soll «leer sein, wartend, nichts suchend». (58) Simone Weil ist überzeugt, dass jeder Irrtum nur daher kommt, «dass der Geist sich voller Hast auf etwas stürzte und so, vorzeitig angefüllt, der Wahrheit nicht mehr zur Verfügung stand. Die Ursache ist immer, dass man aktiv sein wollte; dass man suchen wollte. Dies lässt sich jedes Mal, für jeden Fehler, nachprüfen, wenn man auf seine Wurzel zurückgeht.» (58 f.)

So gesellt sich bei Simone Weil zum spirituellen Grundwort der «Attention/Aufmerksamkeit» jenes der «Attente/Erwartung». Beide gehören eng zusammen. «Aufmerksamkeit ist aktiv und passiv zugleich, weniger angespannte Konzentration, vielmehr absichtsloses Warten.»[17] Diese aktiv-passive Haltung bezeichnet sie in Anlehnung an östliche Religionen gelegentlich auch als «nicht-handelndes Handeln». (227)[18] Es lässt eher finden als suchen. «Die kostbarsten Güter soll man nicht suchen, sondern erwarten. Denn der Mensch kann sie aus eigenen Kräften nicht finden, und wenn er sich auf die Suche nach ihnen begibt, findet er statt ihrer falsche Güter, deren Falschheit er nicht zu erkennen vermag.» (59)

Die erste Pflicht von Lehrenden gegenüber Lernenden besteht für Simone Weil deshalb darin, ihnen diesen Sachverhalt zur Kenntnis zu bringen: «die Wahrheit zu erwarten, indem man sie begehrt, und ohne dass man sich gestattet, sie zu suchen». (59) Auf das Schreiben angewandt beinhaltet dies «eine Art des Wartens, bis das richtige Wort von selbst aus der Feder fließt, während man nichts tut, als nur die unzulänglichen Worte abzuweisen». (59) Sie vergleicht diese Haltung mit derjenigen der klugen Jungfrauen aus dem jesuanischen Gleichnis (Mt 25,1–13), die «die Lampe wohl mit Öl versorgt, voller Zuversicht und Sehnsucht ihrem Bräutigam entgegenwartet». (60)

Auf diesem Hintergrund versteht es sich, dass Simone Weil andernorts auch die heute verbreitete «Metapher von der Suche nach Gott» ablehnt, die sie «an die Anstrengungen des Muskelwillens denken»[19] lässt. «In den großen Bildern der Mythologie und des Märchens, in den Gleichnissen des Evangeliums ist es Gott, der den Menschen sucht … In den Evangelien ist an keiner Stelle von einer Suche die Rede, die der Mensch unternimmt. Der Mensch tut keinen Schritt, außer er werde getrieben oder ausdrücklich gerufen … Die Haltung, die das Heil bewirkt, gleicht keiner Tätigkeit. Das griechische Wort heißt ‹hypomone›, was die Übersetzung mit ‹patientia› (Geduld) nur unvollkommen wiedergibt. Es ist das Warten, das aufmerksame und getreue Stillhalten, das unbegrenzt ausharrt und allen Schlägen unerschütterlich standhält.»[20]

Simone Weil weiß aus eigener Erfahrung, dass es lange Zeit brauchen kann, ehe Gott sich den Menschen zeigt. «Sie haben nichts anderes zu tun, als regungslos, unverwandten Blickes und unablässig horchend zu warten, sie wissen nicht auf was, taub gegen alle Verlockungen und Drohungen … Wenn Gott ihnen nach langem Warten eine Ahnung seines Lichtes vergönnt oder gar sich selber in Person ihnen offenbart, so geschieht dies nur auf einen raschen Augenblick. Und dann gilt es wiederum, still und aufmerksam zu warten, ohne sich zu rühren, höchstens dass man einen Ruf ausstößt, wenn das Verlangen zu heftig wird.»[21]

«Die Zeit ist das Warten Gottes, der um unsere Liebe bettelt

Die Aufmerksamkeit ist für Simone Weil nicht nur der wesentliche Gehalt der Gottesliebe und des Gebetes. «Auch die Nächstenliebe, von der wir wissen, dass sie die gleiche Liebe ist, ist aus dem gleichen Stoff gemacht. Die Unglücklichen bedürfen keines anderen Dinges in dieser Welt als solcher Menschen, die fähig sind, ihnen ihre Aufmerksamkeit zuzuwenden. Die Fähigkeit, einem Unglücklichen seine Aufmerksamkeit zuzuwenden, ist etwas sehr Seltenes und sehr Schwieriges; sie ist beinahe ein Wunder; sie ist ein Wunder.» (61)

Die Fülle der Nächstenliebe besteht, so schreibt Simone Weil mit Bezugnahme auf die Gralssage, «einfach in der Fähigkeit, den Nächsten fragen zu können: ‹Welches Leiden quält dich?› Sie besteht in dem Bewusstsein, dass der Unglückliche existiert, nicht als Einzelteil einer Serie, … sondern als Mensch, der völlig unseresgleichen ist und dem das Unglück eines Tages einen unnachahmbaren Stempel aufgeprägt hat. Hierzu genügt es – aber das ist zugleich auch unerlässlich –, dass man versteht, einen gewissen Blick auf ihn zu richten. Dieser Blick ist vor allem ein aufmerksamer Blick, wobei die Seele sich jedes eigenen Inhalts entleert, um das Wesen, das sie betrachtet, so wie es ist, in seiner ganzen Wahrheit, in sich aufzunehmen. Eines solchen Blickes ist nur fähig, wer der Aufmerksamkeit fähig ist.» (61 f.) Diese Aufmerksamkeit wird ihn eines Tages, «wenn sich die Gelegenheit dazu bietet, besser in den Stand setzen können, einem Unglücklichen im Augenblick der höchsten Not genau die Hilfe zu bringen, die seine Rettung bewirkt». (62)

Man hat zu Recht darauf hingewiesen, dass der Weil'sche Begriff der «attente de Dieu» sowohl das «Warten auf Gott» als auch das «Warten Gottes» meinen kann.[22] Nicht nur der Mensch wartet, auch Gott wartet. Gott hat sich im Akt der Schöpfung gleichsam «seiner Gottheit entleert» (250) und sich aus der Welt zurückgezogen, um ihr Selbststand und Autonomie zu ermöglichen, wie Simone Weil in Ähnlichkeit mit einem Gedanken der kabbalistischen Tradition lehrt.[23] «Gott ist von dieser Welt abwesend, außer durch das Dasein derer in dieser Welt, in denen seine Liebe lebt. Sie sollen darum der Welt gegenwärtig sein durch das Erbarmen. Ihre Barmherzigkeit ist die sichtbare Gegenwart Gottes hienieden.» (242) Gott wartet geduldig auf Menschen, die ihn lieben und in denen seine Liebe lebt. «Gott wartet wie ein Bettler, der reglos und schweigend vor jemand steht, der ihm vielleicht ein Stück Brot geben wird. Die Zeit ist dieses Warten. Die Zeit ist das Warten Gottes, der um unsere Liebe bettelt.» (250)

Wenn die Zeit das Warten Gottes ist, dann ist sie, dann sind Geschichte und Welt der Ort, in denen Gott uns begegnen will, in dem das «Rendez-vous» mit ihm stattfindet. So ist die Mystik Simone Weils keine Mystik der Versenkung und der Abkehr von der Welt, sondern eine «Mystik der offenen Augen», ja «der schmerzlich geöffneten Augen».[24] Sie führte sie nicht in einen abgehobenen religiösen Sonderbereich, sondern auf die Straßen der Menschen und in die Nöte der Zeit. Mystik und gesellschaftlich-politisches Engagement bildeten bei ihr eine untrennbare Einheit.

Das kommt auf eindrückliche Weise in einem ihrer rätselhaftesten Texte zum Ausdruck, dem sie in seiner zweiten Fassung den Titel «Prolog» gegeben hat. Er berichtet von einem geheimnisvollen «Er», der die Angesprochene in eine Mansarde über den Dächern der Stadt entführt, ihr dort Brot reicht, das «wirklich wie Brot schmeckte», und «Wein, der den Geschmack der Sonne hatte und der Erde, auf der diese Stadt errichtet war». Nach längerem vertrauten Beisammensein – Bild der mystischen Vereinigung – nimmt diese «Taborstunde», die an die Szene der Verklärung Jesu auf einem «hohen Berg» (Mk 9,2) erinnert, ein abruptes Ende. «Eines Tages sagte er zu mir: ‹Jetzt geh.› Ich fiel auf die Knie, ich umfasste seine Beine, ich flehte ihn an, mich nicht wegzujagen. Doch er stieß mich auf die Treppe. Ich stieg sie hinab und wusste von nichts mehr, das Herz wie in Stücke gerissen. Ich ging durch die Straßen. Dann fiel mir ein, dass ich gar nicht wusste, wo dieses Haus war. Ich habe nie versucht, es wiederzufinden … Mein Platz ist nicht in dieser Mansarde. Er ist irgendwo, in einem Kerkerloch, in einem dieser bürgerlichen Wohnzimmer voller Nippes und rotem Plüsch, im Wartesaal eines Bahnhofs, irgendwo, aber nicht in dieser Mansarde.»[25]

«Ich bleibe auf Seiten aller Dinge, die nicht in die Kirche eintreten können ...»

Obwohl Simone Weil überzeugt war, Pater Perrin gegenüber «in der größten Schuld zu sein, in die ich noch je gegen einen Menschen geraten bin», indem sie durch ihn eine Liebe erfuhr, «dergleichen mir niemals begegnet war» (115f.), sah sie sich genötigt, ihm die größtmögliche Enttäuschung bereiten zu müssen. Sie war zwar zum Glauben an Gott, die Trinität, die Inkarnation und die Erlösung gelangt[26], konnte sich aber trotzdem nicht zum Empfang der Taufe entschließen: «Bis zu diesem Augenblick, obwohl ich mir die Frage oftmals während des Gebetes, während der Messe vorgelegt habe, ... so habe ich niemals auch nur ein einziges Mal, und sei es nur eine Sekunde lang, das Gefühl gehabt, dass Gott mich in der Kirche will ... Er will es nicht, zumindest bis jetzt nicht. Doch wenn ich nicht irre, so scheint es mir sein Wille zu sein, dass ich auch in Zukunft draußen bleibe, außer vielleicht im Augenblick des Todes.» (116f.)

Sie fragt sich, «ob es in diesen Zeiten, in denen ein so großer Teil der Menschen im Materialismus versunken ist, nicht Gottes Wille ist, dass es einige Männer und Frauen gibt, die sich ihm und Christus ganz zu eigen gegeben haben und die dennoch außerhalb der Kirche bleiben. Jedenfalls ist ... mir nichts so schmerzlich wie der Gedanke, mich von der ungeheuren und unglücklichen Masse der Ungläubigen zu trennen. Ich habe das tiefinnere Bedürfnis, ich glaube sagen zu dürfen: die Berufung, mein Leben unter den Menschen und in jeglicher menschlichen Umgebung so hinzubringen, dass ich mich durch nichts von ihnen unterscheide, dass ich ihre Farbe annehme – zumindest in dem vollen Ausmaße, als das Gewissen sich dem nicht widersetzt – dass ich unter ihnen verschwinde, und zwar, damit sie sich so zeigen, wie sie sind und ohne sich mir gegenüber zu verstellen; weil ich sie kennenlernen möchte, um sie so zu lieben, wie sie sind. Denn wenn ich sie nicht liebe, so wie sie sind, dann liebe ich nicht sie, und meine Liebe ist nicht wahr.» (93)

Ihrer Überzeugung nach ist die Kirche, ist «das Christentum katholisch *de jure* und nicht *de facto*. So vieles liegt außerhalb seiner, so vieles, das ich liebe und nicht aufgeben will, so viele Dinge, die Gott liebt; denn sonst hätten sie kein Dasein.» (117) Sie würde es als einen Verrat an der Wahrheit empfinden, «wenn ich die Stelle verließe, an der ich mich seit meiner Geburt befinde, an jenem Schnittpunkt des Christentums mit allem, was es nicht ist. Immer bin ich an genau dieser Stelle geblieben, auf der Schwelle der Kirche, ohne mich zu rühren, unbeweglich.» (118) Um wahrhaft katholisch und wahrhaft «inkarniert» zu sein, müsste das Christentum «alle Berufungen ohne Ausnahme in sich befassen, ... die ganze unermessliche Erstreckung der vergangenen Jahrhunderte» (117), «selbstverständlich mit Ausnahme der Lüge». (118)

Was diese «unermessliche Erstreckung der vergangenen Jahrhunderte» für Simone Weil selber konkret beinhaltete, umschrieb sie in ihrem letzten Brief an Pater Perrier so: «Sie dürfen mir auch auf mein Wort glauben, dass Griechenland, Ägypten, das alte Indien, das alte China, die Schönheit der Welt, jeder reine und echte Abglanz dieser Schönheit in den Künsten und in der Wissenschaft, der Anblick der Heimlichkeiten des menschlichen Herzens in solchen Herzen, die von religiösem Glauben leer waren – dass alles dieses ebenso viel wie alles ersichtlich Christliche dazu beigetragen hat, mich Christus als Gefangene zu überliefern. Ich glaube sogar, sagen zu dürfen: noch mehr.» (131) Bewegender als mit dem dramatischen Bild von der Gefangenen Christi, das an Epheser 3,1 erinnert, wo sich Paulus als «Gefangener Christi Jesu» bezeichnet, hätte sie ihre eigene untrennbare Verbundenheit mit Christus wohl nicht zum Ausdruck bringen können.

Für die wahrhafte Inkarnation des Christentums sieht Simone Weil aber «ein absolut unübersteigbares Hindernis»: «Dies ist der Gebrauch der beiden kleinen Wörter *anathema sit* (d.h. der/die sei verflucht, ausgeschlossen) ... Auch dies ist es, was mich hindert, die Schwelle der Kirche zu überschreiten. Ich bleibe auf Seiten aller Dinge, die nicht in die Kirche eintreten können, die in die Kirche, dieses universale Haus der Aufnahme, keine Aufnahme finden können, auf Grund dieser beiden kleinen Wörter. Ich bleibe umso mehr auf ihrer Seite, als meine eigene Vernunft ihnen zugezählt wird.» (119) Die Kirche müsste offen aussprechen, «dass sie sich geändert hat oder sich ändern will». (123)[27]

«Ein neuer Typ von Heiligkeit»

Was die Kirche daran hindert, ein «universales Haus der Aufnahme» zu sein, ist nach Simone Weil ein gewisser «Kirchenpatriotismus, ... jenes Gefühl, das man einem irdischen Vaterland entgegenbringt». (97) Die Kinder Gottes sollten aber «hienieden kein anderes Vaterland haben als das Universum selbst, mit der Gesamtheit aller vernunftbegabten Geschöpfe, die es enthalten hat, enthält und enthalten wird. Dies ist die Heimat, die ein Anrecht auf unsere Liebe hat. Alles, was enger ist als das Universum, und dazu gehört auch die Kirche, mag wohl sehr weitgehende Verpflichtungen auferlegen, aber die Verpflichtung zur Liebe wird sich nicht darunter befinden.» (133f.)

Katholisch sein heißt für Simone Weil, «durch keinen Faden an irgendetwas Erschaffenes gebunden sein, außer an die Gesamtheit der Schöpfung. Diese Universalität mag ehemals bei den Heiligen *implicite* (sogar ohne dass sie sich ihrer bewusst waren) vorhanden gewesen sein ... Ich glaube, der heilige Franziskus von Assisi, der heilige Johannes vom Kreuz waren so. Daher waren auch beide Dichter.» (134f.) Heute muss sich aber diese Universalität ihrer Überzeugung nach «völlig bewusst und ausdrücklich entfalten ... Es genügt heute noch nicht, ein Heiliger zu sein; es bedarf der Heiligkeit, die der gegenwärtige Augenblick fordert, einer neuen Heiligkeit, wie es sie früher ebenfalls niemals gegeben hat.» (135)

Dieser neue Typus von Heiligkeit ist «eine Erfindung», «so etwas wie eine neue Offenbarung des Weltalls und der menschlichen Bestimmung. Es ist die Freilegung eines weiten Bereiches von Wahrheit und Schönheit, der bis dahin unter einer dichten Staubschicht verborgen war. Hierzu bedarf es eines größeren Genies, als Archimedes es brauchte, um die Mechanik und die Physik zu erfinden.» (136) In der neuen Heiligkeit geht es um nichts Geringeres als darum, «den Raum des Christlichen ins Menschheitliche und Kosmische»[28] auszuweiten. Die Bitte um den «Überreichtum an Genie», der dafür empfangen werden muss, ist für Simone Weil «heute die erste Bitte, die man tun sollte, eine Bitte, die man alle Tage, alle Stunden tun sollte, wie ein hungriges Kind immer nach Brot verlangt. Die Welt bedarf der genialen Heiligen, wie eine Stadt, in der die Pest wütet, der Ärzte bedarf.» (136)

Simone Weil sah sich außer Stande, von ihren Gedanken selber noch Gebrauch zu machen. Sie fühlte sich «allzu erschöpft». (136) Sie sah keinen andern Menschen, der ihren Gedanken seine Aufmerksamkeit hätte schenken können, als Pater Perrin. Ihm schrieb sie in ihrem letzten Brief vom 26. Mai 1942: «Ich wollte, Ihre Liebe, mit der Sie mich überreich beschenkt haben, wendete sich von mir ab und richtete sich auf das, was ich in mir trage, und dessen Wert, wie ich glauben möchte, meinen eigenen weit übertrifft.» (137) Im November des gleichen Jahres verließ sie das New Yorker Exil, in das sie sich zusammen mit ihren Eltern begeben hatte, und kehrte nach Europa zurück, um sich in London dem französischen Widerstand anzuschließen. In absoluter Schonungslosigkeit gegenüber sich selbst rieb sie sich zunehmend auf und musste schließlich wegen einer Tuberkuloseerkrankung in ein Spital eingeliefert werden. Am 24. August 1943 starb sie in einem Sanatorium in Ashford/Kent, nachdem ihr vorher vermutlich eine Freundin die Nottaufe gespendet hatte.[29] Trotz ihrer schweren Krankheit weigerte sie sich bis zuletzt, mehr Nahrung zu sich nehmen, als die französischen Kriegsgefangenen in den deutschen Lagern erhielten. Sie wollte Solidarität nicht nur beteuern, sondern wirklich leben, wie sie es einst in den Tagen ihrer Fabrikarbeit und schon früher als junge Studentin gehalten hatte. Ihre damalige Kollegin Simone de Beauvoir bekennt in ihren Memoiren: «Ich beneidete sie um ein Herz, das imstande war, für den ganzen Erdkreis zu schlagen.»[30]

Anmerkungen

Um 1300–1361
Johannes Tauler

Ein «gottfarbener» Mensch werden

1) Zit. nach Louise Gnädinger: Johannes Tauler. Lebenswelt und mystische Lehre. München 1993, 41. – Dieses Werk bietet die umfassendste neuere Darstellung über Tauler. Vgl. auch Johannes Tauler. Hrsg., eingel. u. übers. von Louise Gnädinger. Olten 1983. (Auswahl von 15 Predigten)
2) Gotthard Fuchs: Ungeborenes Leben. Vorweihnachtliche Erinnerungen an den Lebemeister Johannes Tauler und sein Reden von der Gottesgeburt in der Seele des Menschen, in: Katechetische Blätter 109 (1984), 875–884, hier 877.
3) Johannes Tauler: Predigten. Bde. I u. II. Vollständige Ausgabe. Übertr. u. hrsg. von Georg Hofmann. Einführung von Alois M. Haas. Einsiedeln 1979, 103f. – Die im Folgenden unmittelbar im Text in Klammer angeführten Seitenzahlen beziehen sich auf diese Bände.
4) Dieter Eckmann: Zweite Entscheidung. Das Zurückkommen auf eine Lebensentscheidung im Lebenslauf. Leipzig 2002, 150.
5) Ignaz Weilner: Johannes Taulers Bekehrungsweg. Die Erfahrungsgrundlage seiner Mystik. Regensburg 1961, 218f.
6) Alois Maria Haas: Gottleiden – Gottlieben. Zur volkssprachlichen Mystik im Mittelalter. Frankfurt am Main 1989, 143.
7) Brief vom 14. Dezember 1516 an Georg Palatin, Hofprediger und Sekretär in Wittenberg. Zit. nach Johannes Tauler: Das Segel ist die Liebe. Erfahrungen eines Gottesfreundes. Ausgew., eingel. u. hrsg. von Manfred Baumotte. Zürich u. Düsseldorf 1998, 7f.
8) Fulbert Steffensky: Schwarzbrot-Spiritualität. Stuttgart 2005.
9) Joseph Weizenbaum: Erkenntnis und Information. Münster 1998.
10) Vgl. dazu Alois M. Haas, «Die Arbeit der Nacht». Mystische Leiderfahrung nach Johannes Tauler, in: Gotthard Fuchs (Hrsg.), Leiderfahrung und christliche Mystik. Düsseldorf 1989, 9–40; Michael Schneider: Gottesbegegnung und Leiderfahrung, in: ebd., 126–178, bes. 142–146.
11) Mutter Teresa: Komm, sei mein Licht. Hrsg. u. komm. von Brian Kolodiejchuk. München 2007.
12) Vgl. Gotthard Fuchs: «Die Arbeit der Nacht» und der Mystik-Boom. Zum unterscheidend Christlichen, in: Lebendige Seelsorge 39 (1988), 341–349, bes. 347f.
13) Carlo M. Martini: Auch die Seele kennt Tag und Nacht. Reflexionen für Zeiten innerer Prüfung. München-Zürich-Wien 2005, 35.

1417–1487
Niklaus von Flüe
«Gib mich ganz zu eigen Dir!»

1) Die Sammlung von Zeugenaussagen geschah möglicherweise im Hinblick auf eine für bald erwartete Heiligsprechung. Diese ließ jedoch lange auf sich warten. Bruder Klaus wurde erst am 9. März 1669 selig- und am 15. Mai 1947 heiliggesprochen.
2) Niklaus von Flüe. In Berichten von Zeitgenossen. Zusammengest. und eingel. von Walter Nigg. Olten u. Freiburg i. Br. [2]1987, 115. – Nigg schöpft aus dem grundlegenden Quellenwerk von Robert Durrer: Bruder Klaus. Die ältesten Quellen über den seligen Nikolaus von Flüe, sein Leben und seinen Einfluss.[2] Bde. Sarnen 1917/1921. Nachdruck 1981. Da Nigg diese Quellentexte neusprachlich und somit allgemein verständlich wiedergibt, zitiere ich nach ihm.
3) Klara Obermüller: Ganz nah und weit weg. Fragen an Dorothee, die Frau des Niklaus von Flüe. Hörspiel. Luzern/ Stuttgart 1982.
4) Zit. nach Victor Conzemius: Nikolaus von Flüe. Mystiker zwischen Politik und Familie, in: ders.: Gottes Spurensucher. Zwanzig christliche Profile der Neuzeit. Freiburg-Basel-Wien 2002, 9–19, hier 17.
5) Zur äußeren und inneren Biografie von Bruder Klaus vgl. Roland Gröbli: Die Sehnsucht nach dem «einig Wesen». Leben und Lehre des Bruder Klaus von Flüe. Zürich 1990. Ein Auszug aus dieser Dissertation erschien unter dem gleichen Titel: Luzern 2006. Ebenso Pirmin Meier: Ich Bruder Klaus von Flüe. Eine Geschichte aus der inneren Schweiz. Zürich 1997.
6) Niklaus von Flüe (wie Anm. 2), 111 f.
7) Conzemius (wie Anm. 4), 10 f.
8) Niklaus von Flüe (wie Anm. 2), 114.
9) Ebd., 113.
10) Vgl. Fritz Blanke: Bruder Klaus von Flüe. Seine innere Geschichte. Zürich 1948, 74.
11) Vgl. Conzemius (wie Anm. 4), 11 f.
12) Zit. nach Gröbli (wie Anm. 5), 126.
13) Vgl. ebd.
14) Niklaus von Flüe (wie Anm. 2), 36. – Möglicherweise hat der junge Niklaus als «Modell für ein Porträt des Vaters» gedient. Vgl. Meier (wie Anm. 5), 403.
15) Niklaus von Flüe (wie Anm. 2), 30 f.
16) Ebd., 31 f.
17) Vgl. Manfred Züfle: Ranft. Erzählung der Erzählungen. Zürich 1998, 83: «Die Betrachtung des Leidens Christi nach der Ordnung der ‹sieben kanonischen Stunden› hieß konkret folgendes: Abendmahl (Vesper), Ölberg (Komplet), Spott im Haus des Kaiphas (Matutin), Pilatus und Herodes (Prim), Geißelung und Dornenkrönung (Terz), Kreuzigung (Sext), Tod (Non).» – Zu dieser Praxis bemerkt kritisch Heinrich Stirnimann: Der Gottesgelehrte Niklaus von Flüe. Drei Studien. Freiburg Schweiz 1981, 123 Anm. 226: «Das Problematische liegt nicht bei der Verbindung der Horen mit der Leidensgeschichte, sondern in der (für das Mittelalter typischen) *ausschließlichen* Leidensbetrachtung anlässlich des Stundengebetes (ohne Auf-

erstehung).» Dies entspricht nicht dem ursprünglichen Sinn der Tagzeitenliturgie.

18) Niklaus von Flüe (wie Anm. 2), 119.
19) Gröbli (wie Anm. 5), 169.
20) Niklaus von Flüe (wie Anm. 2), 117.
21) Gröbli (wie Anm. 5), 177.
22) Züfle (wie Anm. 17), 80.
23) Werner T. Huber: Bruder Klaus. Niklaus von Flüe in den Zeugnissen seiner Zeitgenossen. Zürich u. Düsseldorf 1996, 48f.
24) Obermüller (wie Anm. 3), 65.
25) Niklaus von Flüe (wie Anm. 2), 36.
26) Bei seinem Gebet am Grab von Bruder Klaus am 14. Juni 1984 anlässlich seines Pastoralbesuchs in der Schweiz sprach Papst Johannes Paul II. von «Bruder Klaus und seiner heiligmäßigen Frau Dorothea». Zit. nach Werner T. Huber: Dorothea. Die Ehefrau des hl. Niklaus von Flüe. Freiburg Schweiz 1994, 276.
27) Alois M. Haas: Mystik und Politik. Bruder Klaus und die Mystik in der Schweiz, in: ders., Geistliches Mittelalter. Freiburg Schweiz 1984, 103–119, hier 103.
28) Meier (wie Anm. 5), 416. – Von Bruder Klaus sind zwei Eremitenröcke erhalten: «der etwas jüngere in der Sachsler Kirche dunkelbraun, der in der Luzerner Jesuitenkirche eher hellbraun». Vgl. Huber (wie Anm. 23), 59.
29) Niklaus von Flüe (wie Anm. 2), 112f.
30) Ebd., 113.
31) Gröbli (wie Anm. 5), 216.
32) Niklaus von Flüe (wie Anm. 2), 118.
33) Simon Peng-Keller: Glaubensleben zwischen Geld und Gottunmittelbarkeit. Die mystische Prophetie des Bruder Klaus von Flüe, in: Mariano Delgado/Gotthard Fuchs (Hrsg.), Die Kirchenkritik der Mystiker. Prophetie aus Gotteserfahrung. Bd. 2: Frühe Neuzeit. Fribourg/Stuttgart 2005, 59–78, hier 74.
34) Vgl. Niklaus von Flüe (wie Anm. 2), 153.
35) Ebd., 33, 39.
36) Ebd., 29.
37) Ebd., 150f.
38) Niklaus von Flüe (wie Anm. 2), 41.
39) Züfle (wie Anm. 17), 30.
40) Niklaus von Flüe (wie Anm. 2), 80.
41) Gröbli (wie Anm. 5), 218.
42) Stirnimann (wie Anm. 17), 22.
43) Niklaus von Flüe (wie Anm. 2), 104.
44) Gertrude und Thomas Sartory: Nikolaus von Flüe. Zugänge zu einem Heiligen, in: Nikolaus von Flüe. Erleuchtete Nacht. Holzschnitte zu seinen Visionen von Alois Spichtig mit Texten von Margrit Spichtig. Freiburg i. Br. 1982, 7–44, hier 30f.
45) Ebd., 21.
46) Niklaus von Flüe (wie Anm. 2), 114.
47) Ebd., 115f.
48) Gröbli (wie Anm. 5), 195. – In «dieser Rückprojektion der Visionsfähigkeit» zeigt sich «ein Selbstbewusstsein, das kaum mehr zu überbieten ist». Vgl. Anton Rotzetter: Niklaus von Flüe – Das große Alleluja im Weltall und der verborgene Brunnen, in: ders., Die Welt erglänzt in Gottes Farben. Visionen von der Ganzheit der Schöpfung. Freiburg Schweiz 2000, 117–145, hier 119.
49) Niklaus von Flüe (wie Anm. 2), 32.
50) Conzemius (wie Anm. 3), 14.
51) Niklaus von Flüe (wie Anm. 2), 66f.
52) Ebd., 54.
53) Ebd., 38.
54) Huber (wie Anm. 23), 85.

55) Niklaus von Flüe (wie Anm. 2), 75f.
56) Ebd., 155f.
57) Gröbli (wie Anm. 5), 146.
58) Ebd., 159.
59) Vgl. Iso Baumer: Niklaus von Flüe: Der Wüstenvater am Bergbach. Freiburg Schweiz ²1998, bes. 35ff. – Für Walter Nigg ist Niklaus von Flüe «der Schweizerische Staretz». Vgl. Große Heilige. Zürich ⁴1952, 155.
60) Niklaus von Flüe (wie Anm. 2), 161.
61) Ebd., 156.
62) Vgl. Blanke (wie Anm. 10), 95.
63) Niklaus von Flüe (wie Anm. 2), 37ff.
64) Ebd., 83f.
65) Ebd., 52.
66) Ebd., 156.
67) Meier (wie Anm. 5), 367.
68) Vgl. Stirnimann (wie Anm. 17), 57–60.
69) Ebd., 95.
70) Nach Stirnimann stellt die Ersetzung des ursprünglichen «fördert» durch «führet» eine «Verschlimmbesserung» dar, die «keinen Anhalt in der Überlieferung hat und die so typische Wortpaarung ‹hindern – fördern› zerstört.» Vgl. ebd., 135, Anm. 275.
71) Vgl. ebd., 80f.
72) Karlfried Dürckheim: Der Alltag als Übung. Bern-Stuttgart 1970, 17; zit. nach Stirnimann (wie Anm. 17), 115.
73) Stirnimann (wie Anm. 17), 108.
74) Vgl. Willi Lambert: Aus Liebe zur Wirklichkeit. Grundworte ignatianischer Spiritualität. Mainz ⁴1998, 140ff.
75) Vgl. Züfle (wie Anm. 17), 131f.
76) Zit. nach Huber (wie Anm. 23), 188.
77) Niklaus von Flüe (wie Anm. 2), 158.
78) Ebd., 159.
79) Vgl. ebd., 120–129.

1591–1635
Friedrich Spee
«O Heiland, reiß die Himmel auf»

1) Zit. nach Michael Sievernich (Hrsg.): Friedrich von Spee. Priester – Poet – Prophet. Frankfurt a.M. 1986, 69.
2) Zu Leben und Werk Friedrich von Spees vgl. vor allem Theo G.M. van Oorschot: Friedrich Spee von Langenfeld. Zwischen Zorn und Zärtlichkeit. Göttingen/Zürich 1992. Walter Rupp: Friedrich von Spee. Dichter und Kämpfer gegen den Hexenwahn. Kevelaer ³2001.
3) Zit. nach Hansjakob Becker u.a. (Hrsg.): Geistliches Wunderhorn. Große deutsche Kirchenlieder. München 2001, 183.
4) Vgl. Peter Keyser: Die anonym erschienenen geistlichen Lieder von Spee, in: Gunther Franz (Hrsg.): Friedrich Spee. Dichter, Seelsorger, Bekämpfer des Hexenwahns. Trier 1991, 138–169, bes. 150f.
5) Friedrich Spee: «Auserlesene, Catholische, Geistliche Kirchengesäng». Ein Arbeitsbuch. Hrsg. von Theo G.M. van Oorschot. Tübingen u. Basel 2005.
6) Friedrich Spee: Güldenes Tugend-Buch. Auswahl, Bearbeitung und Einführung von Anton Arens. Einsiedeln/Freiburg 1991.
7) Zit. nach Arens, Einführung (wie Anm. 6), 11–39, hier 17.
8) Friedrich Spee: Cautio Criminalis oder Rechtliches Bedenken wegen der Hexenprozesse. Hrsg. von Theo G.M. van Oorschot. 2., überarb. und erw. Aufl., Tübingen 2005.

9) Friedrich Spee: Trutz-Nachtigall. Kritische Ausgabe nach der Trierer Handschrift. Hrsg. von Theo G.M. van Oorschot. Stuttgart 1985.

10) Vgl. Kurt Küppers, «Trutz-Nachtigal», in: Sievernich (wie Anm. 1), 83–96, hier 85f.

11) Paul-Werner Scheele: «In Spe spes». Friedrich Spees frühe Dichtungen als Hoffnungsimpulse, in: Sievernich (wie Anm. 1), 65–78, hier 70. – Vgl. die Meditation von Johann Baptist Metz: «O Heiland, reiß die Himmel auf ...», in: ders., Mystik der offenen Augen. Wenn Spiritualität aufbricht. Freiburg-Basel-Wien 2001, 92–98.

12) Friedrich Spee (wie Anm. 5), 651.

13) Vgl. Johanna Schell/Hans-Jürg Stefan/ Daniel Schmid: O Heiland, reiß die Himmel auf, in: Ökumenischer Liederkommentar zum Katholischen, Reformierten und Christkatholischen Gesangbuch der Schweiz. Lieferung 1. Freiburg/Basel/Zürich 2001.

14) Ansgar Franz: O Heiland, reiß die Himmel auf, in: Becker u.a. (wie Anm. 3), 181–192, hier 185.

15) Vgl. Joachim Pritzkat: O Heiland, reiß die Himmel auf. Zur 374jährigen Geschichte eines Liedes von Friedrich Spee, in: Hermann Kurzke/Hermann Ühlein (Hrsg.): Kirchenlied interdisziplinär. Hymnologische Beiträge aus Germanistik, Theologie und Musikwissenschaft. Frankfurt a.M. u.a. 1999, 131–172, hier 138.

16) Vgl. Franz (wie Anm. 14), 186.

17) Vgl. Hans-Jürgen Heimissen: Deuterojesaja. 2. Teilbd. Jes 45,8–49,13. Neukirchen Vluyn 2003, 5.

18) Heinrich Böll: Weil wir uns auf dieser Erde nicht ganz zu Hause fühlen. Über Gott, Jesus und Christus, in: Karl-Josef Kuschel: Weil wir uns auf dieser Erde nicht ganz zu Hause fühlen. 12 Schriftsteller über Religion und Literatur. München-Zürich 1985, 64–76, hier 65.

1623–1662
Blaise Pascal
«Seit ungefähr halb elf Uhr abends – Feuer»

1) Frère Roger, Prior von Taizé: Aufbruch ins Ungeahnte. Freiburg i.Br. 1977, 69.

2) Zit. nach Romano Guardini: Christliches Bewusstsein. Versuche über Pascal. Mainz/Paderborn ^{4}1991, 36. Guardini fügt hier in einer Anmerkung bei: «Vielleicht muss sogar übersetzt werden: ‹so oft er die Kleider wechselte›.»

3) Zu Leben und Werk Blaise Pascals vgl. Wilhelm Schmidt-Biggemann: Blaise Pascal. München 1999. Ebenso Albert Raffelt: Einleitung, in: Blaise Pascal: Kleine Schriften zur Religion und Philosophie. Übers. von Ulrich Kunzmann. Hamburg 2005, IX–LXVIII.

4) Gilberte Périer: Das Leben Monsieur Pascals, in: Blaise Pascal: Kleine Schriften (wie Anm. 3), 3–57, hier 10.

5) Hans Küng: Religion im Aufbruch der Moderne, in: Walter Jens/Hans Küng: Dichtung und Religion. Pascal, Gryphius, Lessing, Hölderlin, Novalis, Kierkegaard, Dostojewski, Kafka. München 1985, 10–29, hier 25.

6) Périer (wie Anm. 4), 11.
7) Ebd., 16.
8) Ebd., 17.
9) Blaise Pascal: Über die Bekehrung des Sünders, in: ders.: Kleine Schriften (wie Anm. 3), 331–336, hier 331.
10) Zitiert nach Blaise Pascal: Gedanken über die Religion und einige andere Dinge. Hrsg v. Jean-Robert Armogathe. Aus dem Französischen übers. von Ulrich Kunzmann. Stuttgart 1997, 484f.
11) Harding Meyer: Pascals «Mémorial», ein ekstatisches Dokument?, in: Zeitschrift für Kirchengeschichte. Vierte Folge. LXVII. Bd. 1955/56. Heft I/II, 335–341, hier 336.
12) Guardini (wie Anm. 2), 38.
13) Ebd., 39.
14) Ebd.
15) Ebd., 30.
16) Ebd., 42.
17) Raffelt (wie Anm. 3), XXIV.
18) Schmidt-Biggemann (wie Anm. 3), 22.
19) Pascal. Ausgewählt und vorgestellt von Eduard Zwierlein. München 1997, 43.
20) Raffelt (wie Anm. 3), XXXII.
21) Guardini (wie Anm. 2), 40.
22) Périer (wie Anm. 4), 21.
23) Blaise Pascal: Gebet zu Gott um den rechten Gebrauch der Krankheiten, in: ders.: Kleine Schriften (wie Anm. 3), 351–364.
24) Périer (wie Anm. 4), 52.
25) Ebd., 53.
26) Ebd., 54.
27) Ebd., 55.
28) Die erste vollständige deutsche Übertragung der «Pensées» bildet die in Anm. 10 zitierte von Jean-Robert Armogathe herausgegebene und von Ulrich Kunzmann übersetzte Ausgabe. Ihr liegt die französische Textfassung von Louis Lafuma nach der Auflage von 1975 zu Grunde.
29) Die erste in Klammer angegebene Zahl gibt die Zählung der Fragmente nach Lafuma an, die zweite jene nach Brunschvicg, die bis in die sechziger Jahre des 20. Jahrhunderts die übliche war und der auch die meisten deutschen Übersetzungen gefolgt sind.
30) Schmidt-Biggemann (wie Anm. 3), 125.
31) Ebd., 106.
32) Albert Raffelt: «Ein Leib aus denkenden Gliedern». Gotteserfahrung in kirchlicher Tradition bei Blaise Pascal, in: Mariano Delgado/Gotthard Fuchs (Hrsg.): Die Kirchenkritik der Mystiker. Prophetie aus Gotteserfahrung. Bd. 2. Stuttgart 2005, 285–306, hier 300, 302.
33) Guardini (wie Anm. 2), 31.
34) Ebd., 34.
35) Vgl. Richard Schröder: Abschaffung der Religion. Wissenschaftlicher Fanatismus und die Folgen. Freiburg-Basel-Wien 2008, bes. 56.
36) Richard Dawkins: Der Gotteswahn. Berlin 2007.
37) Johann Baptist Metz: Mystik der offenen Augen. Wenn Spiritualität aufbricht. Hrsg. von Johann Reikerstorfer. Freiburg-Basel-Wien 2011, 96.
38) Vgl. Adrian Schenker: Anthropologische Wissenschaften und der Hl. Geist, in: Schweizerische Kirchenzeitung 177 (2009), 393f.

1801–1890
John Henry Newman

«Aus Schatten und Bildern zur Wahrheit»

1) Franz Xaver Kraus: Tagebücher. Hrsg. von Hubert Schiel. Köln 1957, 387.
2) Kraus (wie Anm. 1), 387f.
3) Ich stütze mich vor allem auf das Standardwerk von Günter Biemer: Die Wahrheit wird stärker sein. Das Leben und Werk Kardinal Newmans. 3., überarb. Aufl. Frankfurt a. M. 2009.
4) John Henry Newman: Apologia pro vita sua. Geschichte meiner religiösen Überzeugungen. Illertissen 2010, 62f.
5) John Henry Newman: Selbstbiographie nach seinen Tagebüchern. Eingel. und hrsg. von Henry Tristram. Stuttgart 1959, 252.
6) John Henry Newman: Pfarr- und Volkspredigten Bd. I, Stuttgart 1948, 55.
7) John Henry Newman: Entwurf einer Zustimmungslehre. Durchges. Neuausgabe der Übersetzung von Theodor Haecker. Mainz 1961, 243f.
8) John Henry Newman: Dem Leben einen Sinn geben. Über den Weg, die Wahrheit und das Ziel. Mit einer Einleitung von Günter Biemer, hrsg. von Manfred Baumotte. Zürich-Düsseldorf 1997, 123.
9) Newman: Selbstbiographie (wie Anm. 5), 258.
10) John Henry Newman: Zur Philosophie und Theologie des Glaubens. Oxforder Universitätspredigten. Übers. von Max Hofmann und Werner Becker. Mainz 1964, 74, 76, 78.
11) Vgl. Franz Michel Willam: Kardinal Newmans Versuchung «zur Sünde gegen das Licht», in: Geist und Leben 42 (1969), 49–63.
12) John Henry Newman: Pfarr- und Volkspredigten Bd. VIII. Stuttgart 1956, 132f.
13) Ebd., 198f.
14) Newman: Apologia (wie Anm. 4), 98f.
15) Newman verarbeitete diese Erfahrung in der autobiografischen Niederschrift «Meine Krankheit in Sizilien», die er 1834 begann und erst 1840 vollendete. Vgl. Selbstbiographie (wie Anm. 5), 137–176; jetzt in Edith Stein: Übersetzung von John Henry Newman, Briefe und Texte zur ersten Lebenshälfte (1801–1846). Freiburg i. Br. 2002, 136–151. – Vgl. dazu Günter Biemer: Gottes Vorsehung. Newmans Krankheits-Erfahrung auf Sizilien, in: Geist und Leben 62 (1989), 126–138.
16) The New English Hymnal Nr. 392. Melody Edition. Norwich ^{7}1992, 570.
17) Zit. nach Biemer (wie Anm. 3), 95f.
18) Vgl. die ergreifende Predigt «Abschied von Freunden», in: John Henry Newman: Briefe und Tagebuchaufzeichnungen aus der katholischen Zeit seines Lebens. Übers. von Maria Knoepfler. 2. erg. und verb. Aufl. Mainz 1957, 751–760.
19) Newman, Briefe (wie Anm. 18), 375f.
20) Zit. nach Biemer (wie Anm. 3), 186. – Als Kardinal wird Newman für seinen Wappenspruch die Worte wählen «Cor ad cor loquitur» – «Herz spricht zum Herzen». Sie gehen auf einen Ausspruch des heiligen Franz von Sales vom Jahr 1604 zurück. Vgl. Victor Conzemius: J. H. Newmans Kardinalat, in: Schweizerische Kirchenzeitung 148 (1980), 5–7,

hier 7. – Der Ausspruch des Franz von Sales lautet gemäss einer mir (leider ohne Quellenangabe) gemachten Mitteilung: «Unsere Worte … müssen mehr aus dem Herzen kommen als aus dem Mund. Worte sagen sich leicht, aber nur das Herz spricht zum Herzen; die Zunge spricht nur zu den Ohren.»

21) Zit.nach Biemer (wie Anm. 3), 211.
22) Zit. ebd., 352.
23) Ebd., 319.
24) Newman: Selbstbiographie (wie Anm. 5), 326.
25) Ebd., 317.
26) Ebd., 327 f.
27) Hermann Pius Siller: Die Rede von der Providenz. Newmans Einweisung ins Unverfügbare für ein Leben in der späten Moderne, in: Roman A. Siebenrock/Wilhelm Tolksdorf (Hrsg.): Sorgfalt des Denkens. Frankfurt a. M. 2006, 107–125, hier 114.
28) Newman: Selbstbiographie (wie Anm. 5), 346 ff.
29) Newman: Zustimmungslehre (wie Anm. 7), 278. – Schon in seiner «Apologie» stellte Newman «mit unsäglicher Trauer» fest: «Wenn ich in einen Spiegel blickte und darin mein Gesicht nicht sähe, so hätte ich ungefähr dasselbe Gefühl, das mich jetzt überkommt, wenn ich die lebendige, geschäftige Welt betrachte und darin das Spiegelbild ihres Schöpfers nicht sehe.» Vgl. Apologia (wie Anm. 4), 350 f.
30) Newman: Zustimmungslehre (wie Anm. 7), 279.
31) Newman: Selbstbiographie (wie Anm. 5), 351 f.
32) Zit. nach Victor Conzemius: John Henry Newman. Kirchenvater der Neuzeit, in: ders.: Gottes Spurensucher. Zwanzig christliche Profile der Neuzeit. Freiburg i. Br. 2002, 105–114, hier 112.
33) Zit. nach Newman: Briefe (wie Anm. 18), 675.
34) Zit. nach Biemer (wie Anm. 3), 477.
35) Zit. ebd., 488 f.
36) In der Übertragung von I. F. Görres (s. Anm. 17) lautet die letzte Zeile: «die ich seit je geliebt und *unterweils* (awhile) verlor.» In einigen Übersetzungen wird dieser inzwischen veraltete Ausdruck durch «unterwegs» ersetzt.

1881–1963
Johannes XXIII.
«Heiterkeit, die von Gott kommt»

1) Johannes XXIII.: Geistliches Tagebuch und andere geistliche Schriften. Freiburg-Basel-Wien ^{9}1964. Die unmittelbar im Text in Klammer angeführten Seitenzahlen beziehen sich auf dieses Tagebuch. – Vgl. dazu das ergreifende Bekenntnis von Hannah Arendt: Angelo Giuseppe Roncalli – der christliche Papst. Bemerkungen zum Geistlichen Tagebuch Johannes' XXIII., in: dies.: Menschen in finsteren Zeiten. München ^{2}1989, 75–88.
2) Ich stütze mich vor allem auf das Standardwerk von Giuseppe Alberigo: Johannes XXIII. Leben und Wirken des Konzilspapstes. Mainz 2000. – Vgl. neustens auch die Biografie des Papst-

neffen Marco Roncalli: Heiterkeit, die von Gott kommt. Johannes XXIII. – der heilige Papst. Würzburg 2014. Der Titel des Buches wie dieses Kapitels ist ein Zitat aus der Ansprache Johannes' XXIII. an die Kardinäle aus Anlass seines bevorstehenden Namensfestes von 1963: «Wer Glauben hat, der zittert nicht. Er überstürzt nicht die Ereignisse, er ist nicht pessimistisch, er verliert nicht seine Nerven ... Es ist die Heiterkeit, die von Gott kommt.» Zit. nach Henri Fesquet: Ich bin ja nur der Papst. Humor und Weisheit Johannes' XXIII. Freiburg-Basel-Wien [7]1975, 90.

3) Zit. nach Ludwig Kaufmann/Nikolaus Klein: Johannes XXIII. Prophetie im Vermächtnis. Fribourg-Brig 1990, 92.
4) Johannes XXIII.: Briefe an die Familie, Bd. 2, Freiburg u.a. 1970, 74.
5) Vgl. Renzo Allegri: Johannes XXIII. Ein Lebensbild. München 2000, 197f.
6) Brief an Don P. vom 7. Mai 1934 aus Sofia, zit. nach Wolfgang Seibel: «Oboedientia et Pax» – «Gehorsam und Friede». Gestalt und Werk Johannes' XXIII., in: Geist und Leben 36 (1963), 246–270, hier 249 Anm. 10.
7) Zit. nach Alberigo (wie Anm. 2), 67f.
8) Allegri (wie Anm. 5), 101.
9) Ansprache an römische Theologiestudenten. Zit. nach Seibel (wie Anm. 6), 255f.
10) Ansprache Papst Johannes' XXIII. Zur Eröffnung des Zweiten Vatikanischen Konzils (11. Oktober 1962). Zit. nach Kaufmann/Klein (wie Anm. 3), 116–150, hier Nr. 10.
11) Zit. nach Gerhard Kiefer: Ein Mensch – als Papst verkleidet, in: Badische Zeitung 3. Juni 2013.

1891–1942
Edith Stein
«Was nicht in *meinem* Plan lag ...»

1) Edith Stein: Endliches und ewiges Sein. Versuch eines Aufstiegs zum Sinn des Seins (=ESGA 11/12). Freiburg-Basel-Wien 2006, 106f.
2) Edith Stein: Aus dem Leben einer jüdischen Familie und weitere autobiographische Beiträge (=ESGA 1). Freiburg-Basel-Wien 2002, 47. – Zur Biografie Edith Steins vgl. auch Christian Feldmann: Edith Stein. Reinbek b. Hamburg 2004.
3) Edith Stein: Leben (wie Anm. 2), 109.
4) Edith Stein: Geistliche Texte II (=ESGA 20). Freiburg-Basel-Wien 2009, 84.
5) Ulrich Dobhan: Vom «radikalen Unglauben» zum «wahren Glauben», in: Edith Stein Jahrbuch 15 (2009), 53–84, hier 58.
6) Edith Stein: Leben (wie Anm. 2), 151.
7) Ebd., 167.
8) Ebd., 157.
9) Ebd., 226f.
10) Ebd., 211.
11) Ebd., 178.
12) Ebd., 260.
13) Ebd., 331f.
14) Zit. nach Dobhan (wie Anm.5), 69.
15) Edith Stein: Einführung in die Philosophie (=ESGA 8). Freiburg-Basel-Wien 2004, XIXf.
16) Hanna-Barbara Gerl: Unerbittliches Licht. Edith Stein – Philosophie, Mystik, Leben. Mainz [3]1999, 23.

17) Edith Stein: Selbstbildnis in Briefen III. Briefe an Roman Ingarden (=ESGA 4). Freiburg-Basel-Wien 2000, Brief 114.
18) Edith Stein: Leben (wie Anm. 2), 350.
19) Edith Stein: Selbstbildnis in Briefen I (1916–1933) (=ESGA 2). Freiburg-Basel-Wien 2000, Brief 60.
20) Edith Stein: Leben (wie Anm. 2), 359.
21) Gerl (wie Anm. 16), 25.
22) Edith Stein: Leben (wie Anm. 2), 361.
23) Edith Stein: Selbstbildnis in Briefen II (1933–1942) (=ESGA 3). Freiburg-Basel-Wien 2000, Brief 291.
24) Edith Stein: Selbstbildnis in Briefen II (wie Anm. 23), Brief 296.
25) Edith Stein: Leben (wie Anm. 2), 353.
26) Edith Stein: Selbstbildnis in Briefen II (wie Anm. 23), Brief 527.
27) Ulrich Dobhan: Edith Stein – die Karmelitin, in: Edith Stein Jahrbuch 12 (2006), 75–123, hier 111.
28) Gerl (wie Anm. 16), 11.
29) Edith Stein: Kreuzeswissenschaft. Studie über Johannes vom Kreuz (=ESGA 18). Freiburg-Basel-Wien 2003, 226.
30) Edith Stein: Leben (wie Anm. 2), 348.
31) Ebd., 373. – Edith Stein verstand den Gedanken des Opfers als Bereitschaft, «sich in eine Lücke einsetzen zu lassen, ohne diese Lücke selbst auszusuchen». Vgl. Gerl (wie Anm. 16), 37.
32) Edith Stein: Leben (wie Anm. 2), 375.
33) Waltraud Herbstrith: Das wahre Gesicht Edith Steins. München [4]1980, 174; zit. nach Gerl (wie Anm. 16), 29.
34) Waltraud Herbstrith: Edith Stein. Jüdin und Christin. München-Zürich-Wien [3]1998, 110.
35) Imre Kertész: Kaddisch für ein nicht geborenes Kind. Berlin 1992, 55f.

1905–1961
Dag Hammarskjöld
«Einmal antwortete ich ja ...»

1) Dag Hammarskjöld: Zeichen am Weg. Das spirituelle Tagebuch des UN-Generalsekretärs. Überarbeitete Neuausgabe. München 2005, 7. Im Folgenden werden die Zitate aus diesem Tagebuch unmittelbar im Text mit Angabe der Seitenzahl in Klammer nachgewiesen.
2) Zu Leben und Denken Hammarskjölds vgl. Karlmann Beyschlag: Dag Hammarskjöld (1905–1961), in: Gerhard Ruhbach/Josef Sudbrack (Hrsg.): Große Mystiker. Leben und Wirken. München 1984, 317–337. Ruth und Karlheinz Röhlin: Dag Hammarskjöld. Mystiker und Politiker. Visionen für heute. München 2005. Hermann J. Benning: Dag Hammarskjöld. Leben und Profil. München-Zürich-Wien [2]2012.
3) Vgl. Beyschlag (wie Anm. 2), 318; Röhlin (wie Anm. 2), 84.
4) Zur Bedeutung der christlichen Mystik für das Denken Hammarskjölds vgl. Manuel Fröhlich: Dag Hammarskjöld und die Vereinten Nationen. Die politische Ethik des Uno-Generalsekretärs. Paderborn-München-Wien-Zürich 2002, 148–170.
5) Vgl. Beyschlag (wie Anm. 2), 321.
6) Vgl. ebd., 335.
7) Ebd., 323.
8) Zum Einfluss Albert Schweitzers auf das Denken Hammarskjölds vgl. Fröhlich (wie Anm. 4), 170–192.
9) Röhlin (wie Anm. 2), 120.

10) Beyschlag (wie Anm. 2), 328.

11) Ebd., 328f.

12) Sven Stolpe: Dag Hammarskjölds geistiger Weg. Frankfurt a. Main 1964, 113.

13) Vgl. Beyschlag (wie Anm. 2), 330.

14) Vgl. Fröhlich (wie Anm. 4), 156f.; ebenso Bernhard Maurer: Dag Hammarskjöld als moderner Mystiker, in: Geist und Leben 74 (2001), 420–434, hier 433.

15) Das gleiche Gebet findet sich schon 1954 im Tagebuch, hier allerdings als persönliches Gebet Hammarskjölds: «Gib mir einen reinen Sinn – dass ich dich erblicke, einen demütigen Sinn – dass ich dich höre, einen liebenden Sinn – dass ich dir diene, einen gläubigen Sinn – dass ich in dir bleibe.» (112)

16) In der Nacht vom 17./18. September 1961 stürzte die UN-Sondermaschine mit Hammarskjöld an Bord anlässlich seiner Vermittlungsmission im Kongo ab. Ob es sich um einen Unfall oder um ein Attentat handelte, ist umstritten. Manche Indizien weisen in die zweite Richtung. Vgl. Röhlin (wie Anm. 2), 77–82.

1906–1945
Dietrich Bonhoeffer
«Wie einen Ahnungslosen hast Du mich gefasst»

1) Die Schriften Bonhoeffers werden zitiert nach der kritischen Gesamtausgabe «Dietrich Bonhoeffer Werke» Bände 1–17 (DBW 1–17), hrsg. von Eberhard Bethge u.a. Gütersloh 1986–1998. Zitate daraus werden unmittelbar im Text in Klammer mit Angabe von Bandnummer und Seitenzahl nachgewiesen.

2) Ferdinand Schlingensiepen: Es gibt immer nur den entscheidenden Augenblick. Gelebte Entscheidung und Gottesgewissheit bei Dietrich Bonhoeffer, in: Mariano Delgado/Gotthard Fuchs (Hrsg.): Die Kirchenkritik der Mystiker. Bd. II: Von der Aufklärung bis zur Gegenwart. Fribourg/Stuttgart 2005, 133–163, hier 133.

3) Werner Kallen: Dietrich Bonhoeffer (1906–1945): Vom Geheimnis der Freiheit, in: Geist und Leben 79 (2006), 11–26, hier 15.

4) Jørgen Glenthøj: Dietrich Bonhoeffers Weg zwischen Widerstand und Ergebung, in Reformatio 19 (1970), 504–512, hier 507.

5) Vgl. dazu 6,267: «Nicht die Welt aus den Angeln zu heben, sondern am gegebenen Ort das im Blick auf die Wirklichkeit Notwendige zu tun, kann die Aufgabe sein.» Ebenso 14,146: «Entweder ich bestimme den Ort, an dem ich Gott finden will, oder ich lasse Gott den Ort bestimmen, an dem er gefunden sein will.»

6) Zur Biografie Bonhoeffers vgl. vor allem Christiane Tietz: Dietrich Bonhoeffer. Theologe im Widerstand. München 2013. Ferdinand Schlingensiepen: Dietrich Bonhoeffer 1906–1945. Eine Biographie. München 2. durchges. Aufl. 2006. – Tietz und Schlingensiepen stützen sich auf das große Standardwerk von Eberhard Bethge: Dietrich Bonhoeffer. Theologe – Christ – Zeitgenosse. Eine Biographie. Gütersloh 1967 (Neu-

ausgabe Reinbek 2006), und ergänzen es um neuere Erkenntnisse.

7) Tietz (wie Anm. 6), 22.

8) Zit. nach Schlingensiepen (wie Anm. 6), 116. – Vgl. auch: Begegnungen mit Dietrich Bonhoeffer. Ein Almanach. Hrsg. von Wolf-Dieter Zimmermann. München [2]1965, 42–51.

9) Bethge (wie Anm. 6), 246.

10) Schlingensiepen (wie Anm. 6), 112.

11) Tietz (wie Anm. 6), 47.

12) Schlingensiepen (wie Anm. 2), 139.

13) Zit. nach Tietz (wie Anm. 6), 48.

14) So R. Grunow, Mitglied des Bruderhauses von Finkenwalde, zit. nach Werner Kallen: In der Gewissheit seiner Gegenwart: Dietrich Bonhoeffer und die Spur des vermissten Gottes. Mainz 1997, 64 Anm. 216.

15) Kallen (wie Anm. 3), 14.

16) Vgl. Peter Zimmerling: Bonhoeffer als Praktischer Theologe. Göttingen 2006, 94.

17) Kallen (wie Anm. 3), 14.

18) Kallen (wie Anm. 14), 66.

19) Tietz (wie Anm. 6), 67. – Die im Seminar von Finkenwalde gemachten Erfahrungen hat Bonhoeffer in seinem Buch «Gemeinsames Leben» (DBW 5) festgehalten. Vgl. auch: Begegnungen (wie Anm. 8), 80–128.

20) Tietz (wie Anm. 6), 68.

21) Das Versprechen wechselseitiger Fürbitte war Bonhoeffer bis zum Ende seines Lebens ein großes Anliegen. Vgl. 8: 187, 191, 196.

22) Tietz (wie Anm. 6), 69.

23) Christoph Strohm: Dietrich Bonhoeffer (1906–1945), in: Karl-Joseph Hummel/Christoph Strohm (Hrsg.), Zeugen einer besseren Welt. Christliche Märtyrer des 20. Jahrhunderts. Leipzig 2000, 320–338, hier 334.

24) Vgl. Brautbriefe Zelle 92. Dietrich Bonhoeffer – Maria von Wedemeyer. 1943–1945. Hrsg. von Ruth-Alice von Bismarck und Ulrich Kabitz. München [4]2004.

25) Eine Kopie dieser Passage findet sich in: Dietrich Bonhoeffer. Sein Leben in Bildern und Texten. Hrsg. von Eberhard Bethge u.a. München 2. durchges. Aufl. 1989, 207.

26) Vgl. auch 8,196 und das Gedicht «Wer bin ich?» (8,513f.).

27) Kallen (wie Anm. 14), 148.

28) Bonhoeffer war sich dessen sehr wohl bewusst. Er bezeichnete seine diesbezüglichen Gedanken in Briefen an Eberhard Bethge als «ins Unreine» geredet; es sei «alles noch furchtbar schwerfällig und schlecht» bzw. «sehr roh und summarisch gesagt». Vgl. 8: 512, 537, 561, 657.

29) Tietz (wie Anm. 6), 111. Vgl. dazu die grundlegende Arbeit von Ernst Feil: Die Theologie Dietrich Bonhoeffers. Hermeneutik – Christologie – Weltverständnis. 5., durch ein aktuelles Geleitwort erw. Aufl. Berlin 2005, besonders XIIff., 324–396, 420f. Eberhard Bethge bezeichnete dieses Werk Ernst Feils als das seiner Bonhoeffer-Biographie «verschwisterte Buch» (ebd. II).

30) Der untrennbare Zusammenhang von Gebet/Gottesdienst und Praxis der Gerechtigkeit kommt auch in folgendem häufig zitierten Wort Bonhoeffers zum Ausdruck: «Nur wer für die Juden schreit, darf auch gregorianisch singen.» (zit. nach 5,140)

31) Brautbriefe (wie Anm. 24), 208ff. – Die umfassendste Hinführung zu den Gedichten Bonhoeffers bietet Jürgen Henkys: Geheimnis der Freiheit. Die Gedichte Dietrich Bonhoeffers aus der Haft. Biographie – Poesie – Theologie. Gütersloh 2005.

32) Der lange Zeit verbreitete verharmlosende Bericht des damaligen SS-Lagerarztes, wonach der Tod Bonhoeffers am Galgen nach intensivem Gebet in wenigen Sekunden eingetreten sei, ist nach Schlingensiepen (wie Anm. 6), 414 Anm. 3 «leider erlogen. Weder konnte der Arzt Bonhoeffer in seiner Zelle knien sehen, noch konnte Bonhoeffer vor der Hinrichtung ein Gebet sprechen und dann die Treppe zum Galgen besteigen. Die gab es nämlich nicht ... Das Sterben der fünf Mitglieder der Gruppe um Admiral Canaris hat nach Aussagen des dänischen Gefangenen L. F. Mogensen von 6 Uhr früh bis gegen Mittag gedauert.» Vgl. Jørgen Glenthøj: Zwei neue Zeugnisse der Ermordung Dietrich Bonhoeffers, in: Rainer Mayer/Peter Zimmerling (Hrsg.): Dietrich Bonhoeffer aktuell. Biografie – Theologie – Spiritualität. Gießen/Basel 2001, 84–96, besonders 92ff.

33) Zit. nach Tietz (wie Anm. 6), 121.

1909–1943
Simone Weil
«Drei Berührungen, die wahrhaft zählten»

1) Heinrich Böll: Vermintes Gelände. Essayistische Schriften 1977–1981. Köln 1982, 22f.

2) Wolfgang W. Müller: Simone Weil – Theologische Splitter. Zürich 2009, 7.

3) Otto Betz (Hrsg.): Schönheit spricht zu allen Herzen. Das Simone-Weil-Lesebuch. München 2009, 13.

4) Vgl. Müller (wie Anm. 2), 111: «Der Stoff ihres Lebens bildet eine untrennbare Einheit, d.h. die Mystikerin und die Gewerkschaftlerin sind eine und dieselbe Person.» – Zur Einführung in Leben und Werk Simone Weils vgl. außer den bereits zitierten Büchern Dorothee Seelhöfer: Simone Weil. Philosophin – Gewerkschaftlerin – Mystikerin. Kevelaer ^{2}2009; Reiner Wimmer: Simone Weil. Person und Werk. Freiburg-Basel-Wien 2009.

5) Simone Weil: Zeugnis für das Gute. Spiritualität einer Philosophin. Zürich u. Düsseldorf 1998, 131. Zitate aus diesem Sammelband werden im Folgenden unmittelbar im Text mit Angabe der Seitenzahl in Klammer angegeben.

6) Joseph-Marie ist der Ordensname von Pater Perrin. Sein Taufname lautet Jean-Marie. In der Literatur sind beide Namen gebräuchlich.

7) Simone Weil: Fabriktagebuch und andere Schriften zum Industriesystem. Frankfurt a. M. 1978.

8) Seelhöfer (wie Anm. 4), 75.

9) Simone Pétrement: Simone Weil – Ein

Leben. Leipzig 2007, 459.

10) Susanne Sandherr: «... eine Treue INS LEERE HINEIN». Annäherung an Simone Weil, in: Anja Middelbeck/Varwick/Markus Thurau (Hrsg.): Mystikerinnen der Neuzeit und Gegenwart. Frankfurt a.M. 209, 141–173, hier 159.

11) Zit. nach Seelhöfer (wie Anm. 4), 86, 114.

12) Andernorts beklagt Simone Weil ihre Beeinflussbarkeit: «Ich habe eine starke Neigung zum Herdentier in mir. Ich bin meiner natürlichen Veranlagung nach äußerst beeinflussbar und vor allem für kollektive Einflüsse übermäßig empfänglich.» (Zeugnis für das Gute, 97)

13) Müller (wie Anm. 2), 104.

14) Otto Betz: Spiritualität und Gebet bei Simone Weil, am Beispiel ihrer Vaterunser-Erklärung, in: Heinz Robert Schlette u. André Devaux (Hrsg.): Simone Weil: Philosophie – Religion – Politik. Frankfurt a.M. 1985, 157–178, hier 167.

15) Ebd., 160.

16) Simone Weil: Schwerkraft und Gnade. München-Zürich 1989, 164.

17) Elisabeth Pernkopf: «Aufmerksamkeit ist das natürliche Gebet der Seele». Philosophische Zugänge zu einer Mystique de l'esprit, in: dies./Walter Schaupp (Hrsg.): Sehnsucht Mystik. Innsbruck-Wien 2011, 215–237, hier 228.

18) Während Simone Weil das nicht-handelnde Handeln oft mit der chinesischen Spiritualität in Verbindung bringt, führen andere den Begriff auf die Bhagavad-Gita zurück. Vgl. Angela Büchel Sladkovic: Warten auf Gott – Simone Weil zwischen Rationalismus, Politik und Mystik. Münster 2004, 228 Anm. 29.

19) Simone Weil: Unglück und Gottesliebe. München 1953, 209.

20) Ebd., 209f.

21) Ebd., 229. Der Dramatik dieses Wartens hat Simone Weil in ihrem Gedicht «La porte – Die Pforte» bewegenden Ausdruck verliehen. Vgl. Zeugnis für das Gute, 8f.; ebenso Cahiers/Aufzeichnungen Bd. 1, München-Wien o.J., 367.

22) Vgl. Sophia Karwat: Von der Fruchtbarkeit des vergeblichen Wartens, in: Imelda Abbt/Wolfgang W. Müller (Hrsg.): Simone Weil. Ein Leben gibt zu denken. St. Ottilien 1999, 29–53, hier 47.

23) Zu den Parallelen und Unterschieden zwischen dem Schöpfungsverständnis Simone Weils und jenem der Kabbala und ihrer Lehre vom Zimzum als dem Sich-Zusammenziehen Gottes vgl. Büchel (wie Anm. 18), 235–238, 271ff.; Müller (wie Anm. 2), 116.

24) Johann Baptist Metz: Mystik der offenen Augen. Wenn Spiritualität aufbricht. Hrsg. v. Johann Reikerstorfer. Freiburg-Basel-Wien 2011, 55.

25) Cahiers/Aufzeichnungen Bd. 1 (wie Anm. 21), 54f.; Zeugnis für das Gute, 151f.

26) Vgl. den nicht ganz zutreffend so betitelten «Letzten Text», der ihr Glaubensbekenntnis enthält, in dem u.a. steht: «Ich glaube an Gott, an die Trinität, die Inkarnation, die Erlösung, die Eucharistie, die Lehren des Evangeliums. Ich glaube – das heißt nicht, dass ich alles, was die Kirche zu diesen Punkten sagt, übernehme, um es zu behaupten, wie man Erfahrungstatsachen oder Theoreme der Geometrie behauptet; sondern dass ich durch die Liebe der vollkommenen, unfassbaren

Wahrheit angehöre, welche in diesen Mysterien ... enthalten ist.» Zit. nach Pétrement (wie Anm. 9), 702.

27) Im Zweiten Vatikanischen Konzil hat die Römisch-katholische Kirche eine solche Änderung tatsächlich vollzogen. Dieses Konzil lehnte es – inspiriert von Papst Johannes XXIII. – einerseits ab, Anatheme, also Verurteilungen auszusprechen. Zudem bekannte es in der «Erklärung über das Verhältnis zu den nichtchristlichen Religionen» (Nr. 2) öffentlich: «Die katholische Kirche lehnt nichts von alledem ab, was in diesen Religionen wahr und heilig ist. Mit aufrichtigem Ernst betrachtet sie jene Handlungs- und Lebensweisen, jene Vorschriften und Lehren, die ... nicht selten einen Strahl jener Wahrheit erkennen lassen, die alle Menschen erleuchtet.»

28) Wimmer (wie Anm. 4), 189. Vgl. dazu Simone Weil: Entscheidung zur Distanz. Fragen an die Kirche. München 1988, 27: «Die katholische Religion enthält explizite Wahrheiten, die andere Religionen implizit enthalten. Dafür aber enthalten andere Religionen explizite Wahrheiten, die im Christentum nur implizit vorhanden sind. Auch der bestunterrichtete Christ kann über die göttlichen Dinge aus anderen religiösen Überlieferungen noch sehr viel lernen, obwohl das innere Licht ihn alles auch durch die seinige hindurch wahrnehmen lassen kann.»

29) Vgl. Pétrement (wie Anm. 9), 707f.

30) Simone de Beauvoir: Memoiren einer Tochter aus gutem Hause. Reinbek b. Hamburg 1968, 229.

Bildnachweis

Johannes Tauler: Statue an der Aussenseite der Kirche St.-Pierre-le-Jeune in Straßburg. Aus: The Lutherian world Federation
Niklaus von Flüe: Ältestes Bild 1492, Altarflügel Kirche Sachseln. Bruder-Klausen-Stiftung, Sachseln.
Friedrich Spee: Skizze nach dem Kölner Ölbild, von Martin Mendgen 1938. Bibliothek des Priesterseminars Trier.
Blaise Pascal: Gemälde von Philippe de Champaigne. Editions du Seuil, Paris.
John Henry Newman: Porträt von George Richmond, 1844. National Portrait Gallery, London.
Johannes XXIII.: Beim Briefschreiben im Garten der Sommerresidenz Castel Gandolfo. Archiv von Erzbischof Loris Francesco Capovilla, Loreto.
Edith Stein: Als Lehrerin 1926 in St. Magdalena, Speyer. Edith-Stein-Karmel, Tübingen.
Dag Hammarskjöld: In seinem Büro im UNO-Hauptgebäude in New York, Juni 1959. UN Photo 62336.
Dietrich Bonhoeffer: Im Gefängnis von Berlin-Tegel, Sommer 1944. Archiv für Kunst und Geschichte, Berlin. IAM/akg-images
Simone Weil: Passbild , New York, Herbst 1942. Jacques Cabaud: Simone Weil. Verlag Karl Alber, Freiburg-München 1968.

Trotz sorgfältiger Recherchen konnten nicht alle Rechteinhaber ermittelt werden. Für diesbezügliche Hinweise ist der Verlag dankbar.